繁盛飲食店の

販促
サービス
140

The success case with 140
that can be tried soon,by a low cost,is fully appeared

イワサキ・ビーアイ 著

はじめに

飲食店の競争・競合が増すにつれ、どのお店も、より多くのお客を集めようと「販促サービス」に力を入れています。企画がもりだくさんなメニューフェアやイベント、目を引くような店頭PRや思い切った割引サービスまで、販促の手法もひと昔前に比べて本当に多種多様になってきています。

一方で、お金をかけて販促を仕掛けた割にうまくいかなかった、という飲食店経営者の声も少なくありません。また、チェーン店のような大掛かりなことはできないからと、販促サービスを仕掛けること自体に消極的なお店もあります。

うまくいかなかったり、消極的になる理由はいろいろ考えられます。他のお店でもやっているようなありきたりな販促サービスでは、販促慣れした現代のお客は興味がわきません。その販促でどのようにお客を喜ばせるのか、どんな成果を上げたいのかという意図がないまま、場当たり的に行なう販促サービスでは、コスト以上の効果は得られません。一度やってみてうまくいかなかったからといって、次の方法を考えないようでは、当然、お店の進歩はありません。

では、どうすれば販促サービスがうまくいき、販促サービスに対して前向きになれるのか。

一番の近道は、成功している販促サービスの事例をたくさん知ることです。販促の上手な飲食店は、同じような販促の内容でも、ちょっとした独自性をプラスしたり、お客を楽しませるアイデアに満ち溢れています。その具体的な内容や意図、やり方のコツまでを知り、理解するのです。

お客を集めた成功例をお手本にすれば、成功する可能性は高まります。また、売上や集客が伸び悩んだとき、あらかじめいろいろな販促アイデアの引き出しをもっていたら、伸び悩みの原因に対してすぐに対処することもできます。そうやって実践を繰り返すことで、自店のやり方に合った販促の方法や、自店ならではの差別化のアイデアを生み出すことができれば、より多くのお客を集めることができるかもしれません。

本書は、そんな販促サービスの好循環を、多くの飲食店が作り出せることを願ってつくりました。

はじめに

本書には、人気店・繁盛店の販促サービス事例を140項目紹介しています。その中身は様々です。その気になれば、今日からすぐに始められる事例もあります。ローコストでも、確実な効果を上げている例もあります。いまのお客の志向や時代変化を捉えた最新の成功事例も掲載しています。もちろん、それらの販促の意図も解説しつつ、「同じ発想で他にどんなやり方があるのか」といったアイデア例も紹介しています。

目次をご覧になって、気になるところから読み始めていただいても構いません。販促の手法によって章立てを分けていますので、関心のあるところを重点的に読んでいただく形でもよいでしょう。本書をそうやって「使う」ものしていただければと思います。

販促サービスを考え、実践することは、つきつめればお客を喜ばせることに、一生懸命取り組むことにつながります。お客が喜び、お客が集まって、お店が繁盛する…本書を通じて、そんな繁盛のお手伝いができれば幸いです。

イワサキ・ビーアイ

INDEX

2章 喜ばれるプレゼント販促 盛り上がるイベント販促 …… 57

3章 他と差をつける店頭アピール・店内装飾……93

4章 好感度アップの接客アクション …… 121

5章 集客を高めるメニュー表・POP・チラシ・DM・ウェブ …… 141

6章 ここが狙い目、メニュー販促 …… 175

7章 アルコール・ドリンクの販促術……217

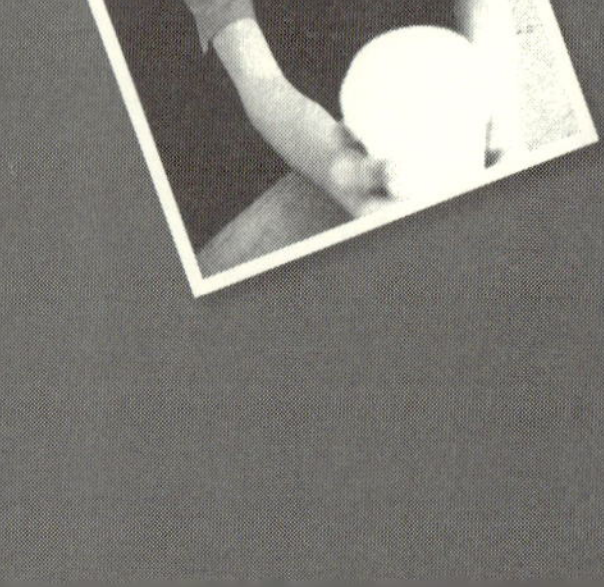

1章

割引・
クーポン・
ポイントカード
の注目アイデア

001

「女子会」のスタンプカード

ここ近年、話題を呼んでいるのが「女子会」という新しい利用動機。女性同士で気兼ねなくガールズトークを楽しんだり、主婦同士の交流などのイベントが増えている。そうした中で、「女子会」と銘打ったコースを新設する飲食店も増えている。

ここに着目し、女子会のためのスタンプカードを作った店がある。スタンプ3個でデザート食べ放題の特典を設け、さらに、夜の女子会利用ならスタンプ2個。昼間の利用ならスタンプ1個。どちらにしても2回の利用で特典が受けられるので、リピーター率は高まったという。

IDEA

女性客を集めるための販促やイベントは、いまや飲食店に欠かせない要素となっています。女子会コースやスタンプカードなどの工夫の他にも、例えばコースに特典を設けたり、接客に力を入れるなど、女性が喜ぶ内容を工夫することが成功のカギとなるはずです。

002

手放せないスタンプカード

スタンプカードは、渡してもスタンプが全部たまる前に捨てられてしまうことが少なくない。そこで、あるオフィス街のレストランでは、スタンプカードに〝捨てられない〟工夫をした。

スタンプは10個たまると、半額券や自家焙煎のコーヒー200gなど、景品をプレゼントする。同時に、そのスタンプカードを見せるだけで、ランチの大盛りかランチタイムのコーヒーが無料になるようにしたのだ。日常のランチでの特典付きカードとスタンプカードを兼用することで、スタンプカードを持ち歩く男性客が増えたという。

IDEA

“捨てられない”ためには、スタンプカードの材質やデザインも考慮しましょう。あまり薄い紙を使っては、折れ曲がって捨てられやすくなります。また、お客の財布の中にはたくさんのカードが入っているはず。すぐに見つけやすい色使いなども工夫しましょう。

003

スタンプカードを「出世魚式」に

　スタンプが10個、20個、30個と増えるごとに、景品が豪華になる販促をしている店は多い。ただ、目標が遠いと「どうせ、たまらない」と、最初からあきらめてしまうお客も実際はかなりいる。

　そこで、目標を短くしながらも、長くスタンプカードを利用してもらえるように工夫しているすし店がある。この店では、スタンプカードが3段階にグレードアップし、スタンプを集めるモチベーションが高まるように工夫。最初のカードは「イナダカード」で、このカードでスタンプを5個集めると季節

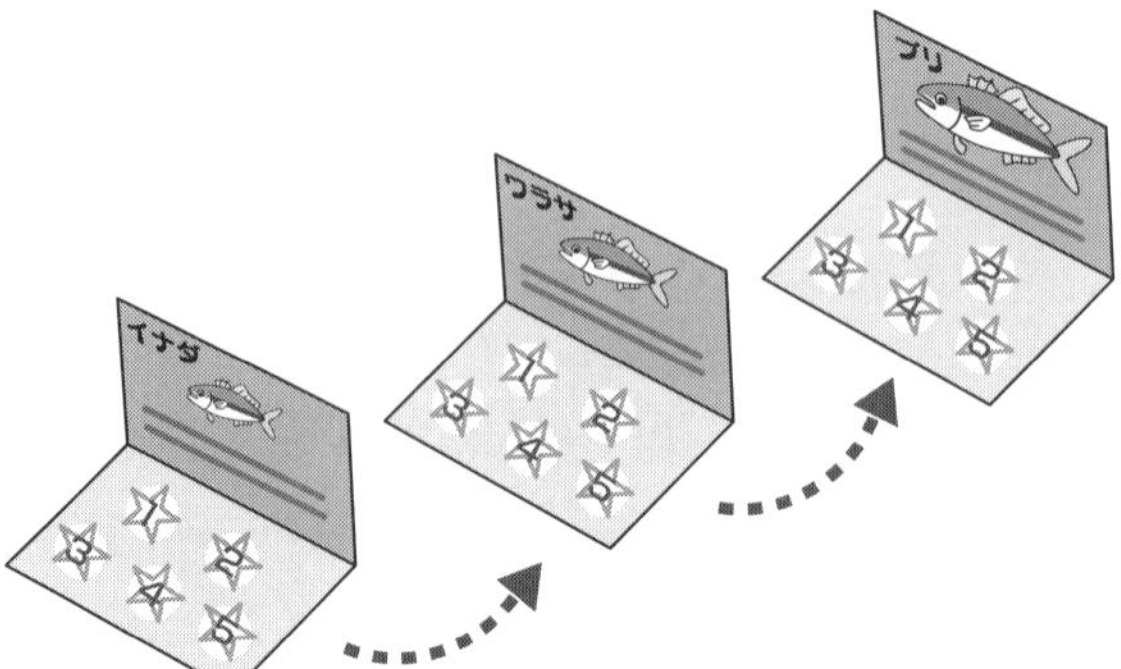

メニューが1品無料になり、カードは「ワラサカード」になる。ワラサカードでスタンプ5個集めると、今度は料理1品無料＋生ビール1杯無料になり、「ブリカード」になる。さらに「ブリカード」でスタンプ5個集めると、1品無料＋生ビール1杯無料＋次回半額券がもらえる。

カードがグレードアップする様を出世魚にみたてた面白さもあり、利用するお客が増えたという。

IDEA

カードには魚のイラストなどを入れれば、より印象が高まります。また、グレードアップするごとにカードを豪華にしたり、お客の名前を記入してあげたりすれば、お客の優遇感を高めることにつながります。

004

12月と1月限定のポイントカード

ある居酒屋では、繁忙期の12月と1月に利用期間を限定したポイントカードを実施した。これは11月末から配布。4名以上の利用だと、1回の来店でスタンプを2個押し、スタンプ2個から「次回ビール1杯無料」などのサービスが付く。さらにスタンプ10個で「4名以上の利用で飲み放題が500円」となる特典を設けた。

4名以上で利用すると次回すぐ特典が受けられるのがポイントで、5回利用すると特典も大きくなる。これにより、4~5名のグループ客の利用を増やすことに成功し、繁忙期の売上をさらに高めることに成功した。

IDEA

期間を限定する代わりに販促の特典を大きくして、その期間の集客力を高める。そこで集まったお客に、その後も続けて利用してもらえるような販促やサービスを提案する…そうした集客のサイクルを作ることも考慮して、計画的に取り組みましょう。

005

宴会でも使える、ランチのサービス券

あるレストランでは、ランチに来店したお客にコーヒーサービス券を渡す。

そのサービス券を10枚集めたら、夜のパーティー利用のとき、10名までの飲み放題を2時間2千円のところを半額の千円にするようにして好評だ。

会社の仲間とランチに来て、人数分のコーヒー券を集めると2～3回の利用で10枚集まる。とくに女性がこの券を利用して予約を入れてくれるという。

IDEA

ランチのお客を夜の利用につなげる…サービス券の販促は、そうした狙いをもって行なうことも欠かせません。

006 「ケータイ」に貼るサービス券

会員カードやサービス券は、常に携帯してもらうことが大切。その点を考慮して、サービス券を単なる紙ではなく「シール」にした居酒屋がある。

これは、シールを見せると来店ごとにドリンク一杯のサービスが受けられるもので、シールはお店でオリジナルデザインを施したもの。シールを渡す際には「なくさないよう携帯電話に貼っておいてください」と伝える。

携帯電話は文字通り、常に携帯しているものなので、再来店の際にもお客は店員にすぐに見せやすい。さらに、携帯電話は他人の目に触れることも多いので、シールそのものがお店のPRにもなる。実際、シールを貼ったお客が、友達に「このシールは何?」と聞かれ、後日一緒に来店してくれたというケースもあるという。

他にも、シールにはお店の屋号と電話番号を記載。店に予約を入れる際にも、お客はシールを見て携帯電話ですぐに電話できる、という利便性もある。

IDEA

販促ツールを、クチコミやお店の認知拡大につなげているのがこの販促のポイントです。シールを「会員証」として特典をいろいろ増やしたり、加入のしやすさを打ち出せば、より大きな効果を得ることができそうです。

007

ビンゴ式のスタンプカード

ポイントカードを最後まで利用してもらうためには、お客が楽しめるようゲーム性を取り入れることも一つの手だ。

あるそば店では、〝ビンゴ〟を取り入れたスタンプカードが好評だ。これは、スタンプカードを縦3マス×横3マスの計9マスにし、それぞれのマスに数字が記されている。数字は、メニューブックに書かれたそばメニューにも記されており、会計時に、お客が食べたそばと同じ数字のマスにスタンプを押し、縦・横・斜めのラインでビンゴを揃えてもらうというものだ。

特典は、1ビンゴでトッピング1品無料、2ビンゴで料理が300円引きなど。ビンゴが揃った次の来店時にお客はサービスを受けられる。同店では、このビンゴ式のスタンプカードでリピート客を増やし、同時に、多彩なそばメニューの魅力もアピールしている。

IDEA

マスの中を、例えば「月」「水」「金」などの曜日で統一して、来店してもらいたい曜日に集客を図ることも可能です。

008

スタンプよりも〝シール〟が受けた

あるレストランでは、子供客にスタンプカードならぬ「シールカード」をプレゼントしている。来店ごとにカードに好みのシールを貼ってあげるものだ。シールを3枚集めるとお菓子入りの袋がもらえるダブルプレゼントも好評だ。

IDEA

子供へのプレゼントで、シールは意外と喜ばれます。シールをもらいに「またあの店に行きたい」となれば、家族客を集客するチャンスが拡大します。いろいろな種類のシールを用意するなどして、さらに販促の内容を充実できそうなアイデアです。

009

“3回で特典”のスタンプカード

　スタンプカードは、早めに特典が受けられるようにすると利用を促しやすい。

　ある洋食店では、3回の来店だけで特典を受けられるスタンプカードを配布。来店ごとにスタンプを1個押し、スタンプが3つ貯まると4回目の来店でハンバーグ増量やデザートのサービスを行なう。3回来店したお客は、その後も引き続き再来店することが多く、集客に効果を発揮している。

　また、カードには日付や利用金額の他、お客の名前や住所を書く欄も設け、顧客管理に役立てている。

IDEA

飲食店では「3回来店するお客は、4回目以降も来店する確率が非常に高い」というリピーターの法則があります。その点で、新規客を常連化する上でも、この販促は非常に効果的。3回来店するお客は、なにかしらお店のことを気に入ってくれているはずです。

010 名刺がサービス券に早がわり！

ある居酒屋では、スタッフに変わった名刺を持たせている。名刺には店名とスタッフの名前、店の住所・電話番号が小さく記載されている。そして大きくあいた空白部分に、お店の割引やサービスをスタッフが自由に記載できる、という販促を行なっているのだ。

特典は「刺身のつま大盛り」「肉豆腐の豆腐増量」など、毎週のおすすめメニューに関連した内容を4～5種類用意。そのうちのどれかをスタッフが名刺に書いてお客に渡す。サービス内容は事

前にスタッフ同士が話し合って決め、コスト管理まで行なうという。「ネギ一本サービス」というユニークなサービスを実施したこともある。
　名刺をもらうたびにサービス内容が違って面白いと、来店ごとに名刺を求めるお客が多く、評判獲得に貢献。またスタッフの参加意識も高まり、売上強化に団結する雰囲気も生まれたという。

IDEA

サービス券つきの名刺を渡すときに、お客の名刺をいただくというルールを決めれば、その後のDM発送にもつなげられます。またお客にスタッフの名前を覚えてもらい、親しみやすさを打ち出すこともできるでしょう。

011

「前売りチケット」でお得なコース

　映画やコンサートのチケットを、〝前売り〟で買うと当日券より割安になることがある。その発想を販促に取り入れて売れ行きを伸ばしているレストランがある。

　この店では、毎月、期間限定で提供しているペアコース（2人用のコースメニュー）がカップル客などに大人気だ。その人気の秘密は、当日に来店して注文しても4千円という価格設定に加え、提供開始する前日までに予約をして、同店が発行する前売りチケットを購入すると3千円になるという、割安感を強くアピールする売り方の工夫にある。

　ペアコースの予約をしたお客は、事前に店でチケットを購入し、食事をする当日にそれを持って来店。食事をする当日までチケットが手元にあることで、ワクワクする期待感をお客に与えている。また、前払いなので予約を直前で取り消す、いわゆる〝ドタキャン〟を予防することに役立つ点も注目だ。

同店では、このペアコースをアピールするPOPを作成。レジ前や各テーブルに置く他、POPを手にしたスタッフが客席を回り、それをお客に見せながら内容を説明するという積極的な取り組みも行なっている。

IDEA

コースの予約をしっかり確保できれば、その月の売上も計算でき、安定した運営が図れます。そうしたメリットを考えた上で価格設定をし、どれくらいまで割引できるかを検討していくことが大切です。

012

宝くじや年賀状をクーポン券がわりに

あるお好み焼の店では、宝くじの300円の当選券をお通しと交換できるという販促を打ち出した。さらに、書き損じの年賀状やビール券も同額分だけ店で使えるようにした。

わざわざ交換に行くのも面倒くさく、家に眠ったままになっているこうした宝くじや年賀状、ビール券を販促ツールにすることで、常連客から評判を得たばかりではなく、それなら一度利用してみようという新規客の集客にも成功したという。

IDEA

「不便」を「便利」にする、あるいは「面倒くさい」を「これならやってみようかな」と思わせる…そんな発想から“サービス”は生まれます。販促を考える際も、この原理原則を忘れないことが大切です。

013

「午前中」有効のカード

あるカフェでは、午前中だけ有効の割引カードが人気を集めている。このカードは、午前中に来店したお客がレジで提示すると、全品10％オフになるというもの。これにより、モーニング利用のお客や早い時間帯でのランチ利用が増え、客数アップに成功した。

Cafe A
10%OFF CARD
午前中のみ有効
ご利用の際は
カードを提示してください。

IDEA

飲食店、とくにカフェにとって、朝食需要は取り込みたいところですが、朝ごはんを外食で取る習慣はランチや夜に比べるとまだ掘り起こしきれているとはいえません。そうした潜在需要を刺激する手法としてもこの販促は注目されます。

014

反響7割！〝上客〟狙いのポイントカード

ポイントカードの販促は、その販促によって達成したい成果を明確にすることが欠かせない。お客の利用頻度が限られている高級店や高客単価の店ではなおさらだ。

ある郊外立地のすし店では、すしというお客の来店頻度が限定されやすい業種ながら、ポイントカードの活用で顧客の囲い込みに成果をあげている。このポイントカードは出前のすしでも来店でも3千円の消費金額ごとにスタンプ1個を捺印。20個たまると3千円分をお客にキャッシュバックするか、鯛の活け造りを無料サービスするというものだ。

同店がポイントカードを導入したのは、顧客リストを作る狙いから。そして、この20回というスタンプの回数もあえて設定した。金額にして最低でも6万円を使ってくれるお客というのは、お店を気に入ってくれているお得意様といえる。お得意様をしっかり識別することが、費用対効果の高い販促を行なう前提となるのだ。

このすし店では、1度でもポイントをゲットしたお客は顧客リストに入れ、2回目にカードを発行するときは家族構成がわかるように子どもの名前なども書いてもらうという。この情報をもとに、さらに次の手を打つ。顧客の誕生日に合わせて案内状を送ったり、季節ごとにイベントのDMを送る。100通のDMを送ると、その7割のお客が来店してくれるというから、実に高い回収率である。無闇にDMを送るのではなく、きちんと読んでもらえる顧客に限定することでロスを少なくしている。

Happy Birthday
○○○○様　お誕生日
おめでとうございます！
○月○日～○日までの期間
お祝いとして○○○○を
ご用意させていただきます。
ぜひこの機会にご利用ください。
○○寿司
☎000-000-0000

IDEA

スーパー、家電量販店など、幅広いサービス業でポイントカード販促が行なわれています。個人・中小店で効果を上げるには、より明確な意図を持つことが求められています。

015

目的ある半額イベントで成功

割引販促を行なう目的の一つに新規客の獲得がある。だが、そうした目的を明確にせず、「ドリンク1杯無料」「全品10％オフ」といった販促を、なかば習慣のように続けている店も少なくない。同じ予算で販促を行なうにしても、新規客を獲得するには、よりインパクトが重要になっている。

そうした考えのもと、ある焼とり店は、新規オープンから半年たった時期に、焼とりの全品半額セールを3日間限定で開催した。新規開業後、店のオペレーションが安定してきた頃を見計らい、さらなる新規客獲得を目的に始めたものだ。

半額開催に当たっては、店頭やチラシ、ホームページ等でもあらかじめ告知し、同時に食材やスタッフのシフトも手厚く準備した。焼とりの中でも看板商品である、大ボリュームの「もも串焼」を特に強くアピールした。

結果、この半額イベントの3日間は、通常の3倍近くの客数となり、日商も最高売上を記録。そのことはイベント後に全スタッフにも伝え、小額ながらご祝儀も出した。「これだけ売れた！」という体験がスタッフのやる気につながり、全員の結束が強まったという。

さらに、イベント終了後も、同店の客数はそれまでより高い数字で推移。急激に客数が元に戻ることはなく、平均客数は30％近く高まった。それにより初年度の年商も、目標としていた数字を上回る成果を上げたという。

IDEA

販促は、弱い日の集客を高める狙いも重要ですが、「売れる日にもっと売る」「最高の日商記録を作る」といった狙いをもつことも大切です。それが起爆剤となって、弱い日の客数を底上げすることも期待できます。

016

「早割&遅割」の時間帯別割引

生活が多様化し、飲食の時間帯は分散化する傾向にある。そこで曜日や時間帯ごとの販促にも、お客に合わせた柔軟なものが効果を発揮する。

ある居酒屋では、「早割&遅割」と名付けた時間帯別のサービスが人気だ。この販促は、1枚のチラシに「早割&遅割」というキャッチコピーを大きく表示している。このチラシを持参したお客には、「早割」の場合は平日の17時～20時の間に割引サービスを、「遅割」の場合は週末の22時～翌4時までの間の割引を行なうというものだ。客足の鈍い時間帯の底上げをするのに役立っている。

IDEA

「早割」は、航空チケットやホテル宿泊の割引販促として始められたものといわれます。この居酒屋では、チラシのデザインも航空会社の「早割」のパンフレットを参考にして作成し、よりインパクトを高めることに成功しました。

017

「雨の日」はタクシー代を割り引く

郊外のあるレストランでは、雨の日に来店したお客のタクシー代の一部（ワンメーター分）を、会計から割引する販促を実施。タクシーの領収証を会計時に見せれば、ワンメーター分を割引という取り組みで、雨の日の客数を増やすことに成功している。

梅雨の季節や、寒い季節で悪天候の日は、駅から離れた立地はより不利になることも。そんな客足の鈍る日をカバーするのに、このサービスは有効だ。

IDEA

販促の告知は、店内のPOPやDM等も活用するほか、接客でも伝えると常連客に喜ばれ、話題性も高まります。雨の日にわざわざ来てもらうことへの感謝を、しっかりと示すことを大切にしましょう。

018

お年玉のポチ袋に割引券

繁忙期の年末シーズン、そこで集まったお客を来年のリピート利用へとつなげる…というふうに販促は先を見越した戦略が欠かせない。

そこでよくあるのが、忘年会の利用客全員に次回来店を誘う割引券を配る販促だが、このやり方も、お客へのアピール法や渡し方をひと工夫することで、効果は大きく変わってくる。

ある居酒屋では、12月の来店客に〝お年玉〟と称した割引券を配布。割引は翌年1〜2月に使用できるもので、「ひと足早いお年

玉」のサービスがインパクトを高めている。

割引券はお年玉のポチ袋に入れており、「今年もご愛顧いただきありがとうございました」と感謝の言葉が記された手紙を同封。さらに渡すタイミングも工夫しており、同店ではお客が会計を済ませ、店の外に出たタイミングで全員に配る。そうすることでお客を見送る接客も欠かさず行なうことができ、お客の好印象を高め、リピート利用を促すことにもつなげているのだ。

IDEA

季節の行事や記念日にちなんで、サービス券のデザインや趣向を変えてみると、お客の印象に残りやすいものです。

019

雨の日はスタンプ2倍押し！

ポイントカードの販促は、常連客の利用を高める上で有効だが、単に来店ごとに1ポイント貯まるだけでは他店との差別化になりにくい。

そこである店では、普段から行なっているスタンプカードの販促を、「雨の日サービス」としても活用。「雨の日はスタンプ2倍押し」というサービスが、スタンプを集めている常連客に大好評である。さらに、この店では雨の日だけのサービスとしてデザートの無料プレゼントも行ない、「雨の日に使える店」として、多くのお客に認知されている。

IDEA

他にも「第3水曜日はスタンプ2倍」なども工夫できます。自店の集客が弱い日や、「この日はお客様にたくさん来てほしい」という日に合わせて、ポイントカードの特典を強化する発想も大切です。

020 ポイントカードをサービス向上に活用

「スタンプを10個集めたらサンドイッチ無料」というポイントカードの余白に、お客の名前と月に何回店を利用するかの簡単なアンケートを記入できるスペースを設けたカフェがある。

スタンプを押すときに、カードを見て来店回数の多いお客かどうかが分かるだけでなく、来店回数の多いお客様には、「田中さん、いつもありがとうございます」と名前を添えて呼ぶこともでき、サービス向上に役立てている。

IDEA

お客の名前を覚えることは、「接客のいい店」という印象づけにもなり、常連客を増やすことにもつながります。お客の名前を知る機会を増やす方法として、こうしたポイントカード以外にも販促ツールが活用できないか…いろいろ工夫できそうです。

021

お客が作る〃サービス券

ある居酒屋では、サービス券を〃お客が作れる〃ようにして評判を呼んでいる。

やり方はこうだ。この店では「ビール100円」、「サラダの野菜1品増量」、「ソフトドリンク無料」などの特典が書かれたスタンプを、それぞれ5種類作った。店があらかじめ用意したカード（サービスの利用期限やルールなどを書いてある）にスタンプを押してサービス券を完成させる。どのスタンプを押すかをお客が選べるようにしたのだ。

このスタンプは、日替わりランチを注文した場合に押せるので、日替わりランチの売れ数も伸び、ランチタイムの調理も効率よくなったという。また、お通し増量などの夜の時間に喜ばれるサービスも用意して、ランチに来店したお客を夜の時間帯も利用してもらうことに成功した。

IDEA

お客の好みや利用動機によって特典を選べるようにすれば、サービス券の回収は高まり、再来店が期待できるのが、この販促のポイントです。実施する際は、どんな特典がお客の利用を促すか、自店の客層をよく研究して取り入れましょう。

022

低

コストの特典でも大喜び！

ポイントカードの販促で、特典のサービスがマンネリ化しているケースは意外と多い。特典で目新しさを打ち出して、集客効果を高めることも大切だ。

例えば、あるレストランでは、来店ごとに1つ押すスタンプが10個たまったお客に、「自家製パンの詰め合わせ」をプレゼント。主婦客やOL客にたいへん好評だ。パンの原価はそれほど高いものではないが、「この店ならではの自家製パン」という付加価値が大きな魅力になっている。

IDEA

他にも「自家製のそば」「自家製ラー油」「自家製ドレッシング」など、発想は広がりそうです。プレゼントする際に、「おいしい食べ方・調理の仕方」を伝えれば、より好印象を得られるでしょう。ただし、食品なので賞味期限などの明示は忘れずに。

023 レシートをサービス券に

レシートには店名や住所を印字できることに着目し、レシートを販促ツールにした店がある。

レシートに、店名と電話番号のほかに「このレシートで串焼き2本無料」と印字するように設定。さらにお客が名前をレシートに書いてくれたら、レシートを店で預かるようにもした。次回来店の際に、名前をお客が告げればサービスを受けられるようにしたのだ。これだとレシートを無くしたり捨てられたりする心配がない。

「前回、レシートをお預かりしてませんでしたか」と、最初の注文を受けるときにも伝えて、このサービスを知らせるようにもしている。

IDEA

レシートを割引サービス券に活用している事例は増えています。レシートとサービス券を兼ねているので印刷のコストを削減できますが、レシートなので捨てられやすいのも事実です。この店のような捨てられないような工夫も考えたいところです。

024 話題の「おやじ」会員カード

会員カードも、ちょっとした特徴を持たせることで、話題性を高める方法がある。

例えば、あるとんかつ店では、「おやじさんカード」という、ユニークな会員カードを用意。その名の通り、〝おやじ客〟専用の会員カードで、会員資格は、「最近、自分はおやじと自覚したことが一つでもある」「おしぼりで顔を拭いてしまう」といった内容で、お客は誰でも気軽に会員になれる。会員客への特典はちょっとしたサービスだが、ほのぼのとした印象が親しまれ、多くのお客に利用されている。

IDEA

単なる会員カードに止まらず、お店の親しみやすさを打ち出した例です。「鉄道好き」「文房具マニア」など、店主の趣味の会員カードなどを発行しても面白いかもしれません。そこから会話が生まれ、常連客が増え、愛される店に成長することも可能です。

025 くじ引きで割引券をプレゼント

割引券を使ってもらうためには、割引券の渡し方も工夫のしどころだ。

例えば、ある店では会計時に割引券をわたすのだが、普通に渡すのではなく、クジを引いてもらって渡す。「（割引券の）当たりは半分です」と言ってクジを引いてもらう。本当はすべて当たりでも、クジを引いて当たってもらった割引券は大事にされやすい、という割引券の価値を高めるアイデアだ。

IDEA

同じ割引券でも、渡すときの印象でその後の回収率は変わってきます。店外にお客をお見送りする接客をしている店なら、店の外で最後に渡すだけでも、ちょっとしたインパクトになります。すぐにできそうなことから挑戦してみてはいかがでしょうか。

026

1 ドル札を模したサービス券

サービス券は印刷や手書き、パソコンで作成したものが多いが、ちょっとデザインに凝るとお客の印象により強く残すことができる。

都内のあるダイニングレストランでは、アメリカンスタイルの店のイメージに合わせて、1ドル札を模したデザインのサービス券を配布。これを持参すると、フレンチフライまたはオニオンフライ（各300円）を無料で提供する。

お客の目を引くデザインのサービス券は、紙幣と同じサイズなので財布にも収まる。それが〝捨てにくい〟要素につながり、リピート客獲得に効果を発揮している。

IDEA

列車の定期券を模した期間限定のクーポン券、「iPhone」の画面のようなデザインを、そのまま印刷したサービス券、映画の前売りチケットのような形の割引券など、サービス券のデザインで引き付ける例は増えています。

027 65歳以上が使えるプラチナカード

少子高齢化社会の到来は、飲食店でも実感として感じ始めている場面が増えているのではなかろうか。

高齢者世代の来店を促す取り組みの一つとして増えているのが、シルバー割引。あるとんかつ店では、65歳以上のお客に5%割引の特典をつけた「プラチナカード」を発行して好評を得ている。グループで来店した場合でも、その中に1人でも65歳以上のお客がいれば割引を行なう。

IDEA

お年寄りが不自由しないよう、入口の自動ドアをわざと遅く閉まる設定に変えた店があります。その店の経営者は、老人ホームにボランティアに行って研究したそうです。販促でも店舗づくりでも、そうした体験から発想することが差別化につながります。

2章

喜ばれる プレゼント販促
盛り上がる イベント販促

028

「試食会」で常連見込み客を誘う

常連になってもらえそうな人に声をかけ、試食会に参加してもらっている店がある。試食会は３ヵ月に１回。新しいメニューやランチを出す前に開催する。

お客に参加してもらうが、参加メンバーが同じだとマンネリ化するので、毎回、参加してもらう人は変える。このイベントにより、スタッフはお客に声をかけやすくなり、参加してくれたお客が常連になる割合も高まった。

IDEA

お客の優越感をくすぐるイベント販促です。たまに来店してくれて、顔も覚えているお客は、どの店も必ずいるのではないでしょうか？そうしたお客に感謝を伝え、もっと店を好きになってもらいたい、そんな気持ちを表現する手段としてもいいきっかけになります。

029

駄菓子で、お見送り

会計が済んでから、外までお客を見送るときに、「よろしければ、お持ちください」と、駄菓子をサービスする店がある。しかも、その駄菓子は、つかみ取りで、片手で一回、掴めるだけ持ち帰っていいと説明をする。

いくつ掴めるか、チャレンジしたくなることで盛り上がるという。駄菓子は1個10円くらいのもので、形と大きさの違うものを混ぜている。多い人で7個くらい掴むという。一組70円ほどの販促費ということになる。お客は楽しい体験をし、その余韻で笑顔のまま店を出て行く。

IDEA

見送りの接客は、お客に好印象を残す上でも大切なアクション。しかし忙しいとなかなか徹底できない店もあります。そこでこうした仕組みを取り入れれば、“必ず見送りをしよう”という意識がスタッフにも植え付けられ、接客レベルの向上にもつながるはずです。

030

週末は「キャンドルナイト」

飲食店は、ときに地域コミュニティの場としての役割を求められることがある。カフェなどではイベントとして、料理教室やお菓子教室、コーヒー講座などに加え、最近では、英会話教室や編み物教室、フラワーアレンジメント講座などに場所を提供する例も増えている。

ただイベントを行なうにあたっては、通常営業との兼ね合いをどうするか、料金設定をどうするか、など検討課題も多い。その一方で、イベントによって新たな客層を開拓し、常連客を増やすことにつながる例も確かにある。この兼ね合いを考えた場合、無理のない範囲で行なえるイベントから始めてみることも考えておきたい。

例えば、最近は「キャンドルナイト」というイベントを開催する店が増えつつある。そもそもは夏至の日に電気を使わず、ロウソクの灯りで過ごすというエコ活動で、ろうそくの火による雰囲気づくりや、

キャンドルを囲んでの癒しの効果も知られている。キャンドルナイトの活動が広がる中で、1年を通して毎週キャンドルナイトを行ない、予約で満席になるという飲食店もある。話題性が高く、集客が期待できることに加え、比較的すぐに始めやすいイベントとして注目だ。

IDEA

カフェや飲食店に、ちょっとした気分転換を求めるお客も少なくありません。環境保護の意義もありますが、いつもの雰囲気とは違う、癒しの雰囲気や温かさを演出するイベントとして、キャンドルナイトは各地で広がっているようです。

031

主婦の手づくりお菓子を限定販売

あるカフェでは、年に1度、期間限定で行なう「お菓子展」が好評だ。これは店で手づくりのお菓子を展示・販売する企画だが、おもしろいのは、お菓子づくりが趣味の主婦やお菓子教室に通う人たちの手づくりお菓子を展示・販売する点にある。

この企画がきっかけで常連客になったり、参加者の家族や友人が店に来ることで、新規客の獲得につながった。同時に、企画に参加する側は、自分のお菓子が店で販売されることで、売れる喜びを体感できる。自分のお菓子が売れた場所として、店への愛着も強くなるのだ。

IDEA

カルチャースクールが行なう、生徒たちの「絵画展覧会」「ダンス発表会」などと同様に、お客参加型のイベント販促は、達成感が高ければ高いほど印象に強く残り、お店のファンを増やすことにつながります。

032 喫煙コーナーに無料ワイン

禁煙席と喫煙席に分けるのは、小規模店には難しさがある。

ある小規模レストランは、店内を全席禁煙にし、店の外のテラスに喫煙コーナーを作った。タバコを吸う人は、そのテラスまで移動してもらう。タバコを吸うお客には面倒をかけるということで、その喫煙コーナーに無料のワインを置いた。これが評判で、店内禁煙にしても客数は落ちなかったという。

IDEA

禁煙・喫煙は、より慎重に検討しなければならない課題ですが、これまでなかった何かしらの負担をお客に強いる場合、それに報いるサービスを用意する発想は大事です。店側の事情で負担を強いるケースは結構あります。自分のお店も振り返ってみましょう。

033

店内で花を売り歩くイベント

イベントというと、何か大掛かりでコストもかかりそうなイメージがあるが、決してそうではない。最近は、企画そのもののおもしろさや新しさで集客するイベントや、他店や他業種との協力イベントが目立っている。お金をかけずにアイデアで勝負する事がますます大事になっている。

そんな中、東京のあるフランス料理店では、カップル客で賑わう金曜日と土曜日に、華やかなイベントを行なって話題を集めている。

それは、ちょうど客席が埋まってくる時間帯の夜7～8時に、花束を売り歩く〝花売り娘〟が店内に登場するというもの。バラエティ豊かに揃える花束はすべて千円で販売。花束自体も売れているが、レストランで食事をしながら花束が買えるという非日常感がお客の心をつかんでいる。

IDEA

この店では、系列の生花店から花束を提供してもらっているそうですが、店の近隣の生花店や知り合いの生花店に協力してもらう手もあります。お互いの販売チャンスをひろげて、ロコミ拡大にもつなげたいところです。

034

話題性大のカクテルコンペ

　あるバーでは、「カクテルコンペティション」というイベントを開催して好評を得た。お客がカクテルの技を競うというユニークな内容だ。
　この店では、3年ほど前からカクテル教室を行なっており、その教室に参加しているお客の発表の場としてカクテルコンペを企画。カクテルコンペへのエントリー料は千円でワンドリンク付き。自分の作品を発表できる場を提供することで、お客様は自分らしさを表現できる。そんなコンセプトが話題を呼んで、長年の常連客が多い同店の安定した人気を、さらに強化することにつながった。

IDEA

ほかにも、コーヒーの淹れ方で名人を競う「コーヒーコンペ」や「ケーキコンペ」、自慢の浴衣を着て集まってもらう「浴衣コンペ」、今年流行りそうなTシャツで、自分が好きなプリントを着て集まってもらう「Tシャツコンペ」なども考えられます。

035

携帯カメラの写真コンテスト

若い女性に人気のあるカフェでは、女性客がメニューなどを携帯電話のカメラで撮影する光景をよく目にするようになった。これに注目し、お客から携帯電話のカメラで撮影したお気に入りの写真を募集。それを期間限定で店内の壁に貼り出して展示を行なった。

展示期間中には、来店客から、好きな写真のアンケートも実施。支持を集めた写真を撮影したお客には、同店で使える食事券をプレゼント。予想以上に好評のイベントで、定期的に開催するほどの成果を上げた。

IDEA

携帯電話なら、イベントを知ったその場で、写真をお店のメールあてに投稿することも可能。お客が手間なく参加できる点もこの販促のポイントです。たくさんの写真が貼られれば、お客に親しまれているお店を印象づける効果もあるはずです。

036

"ロンリークリスマス"で集客！

飲食店のクリスマスフェアやイベントは、カップル客やグループ客向けのものがほとんど。クリスマスに予定のない人は一人でさびしく過ごすことになる。

そこで、あるダイニングバーでは「ロンリーサンタさん大集合！」と銘打ったイベントをクリスマスイブに企画した。

イベント当日は通常営業を行なわず貸切にし、会費制で食事とドリンクを用意。一人1品、何かプレゼントを持ち寄り、参加者同士でプレゼント交換する催しや、店が提供する物品のチャリティーオークションも行なう。「サンタさん大集合」と銘打つ通り、参加者がサンタとなってプレゼントをする趣向だ。

参加者は、少人数の友達同士もいるが、多くは一人客。一人客が手持ち無沙汰にならないように、スタッフが積極的に話しかけたり、他の参加者との会話が弾むようにもてなす。イベントを機に参加者同士が仲良くなるケースもある。定員20名で開催したが、予定より多くの申込があったという。

ロンリーサンタさん
大集合
12月24日
20時～
¥2,300
★LIVE
★プレゼント交換
★オークション
…….etc
お一人の方～
お気軽に
参加してください
お待ちしてます！

IDEA

クリスマス時期は、立地や業種によっては集客が落ちる店も少なくありません。そういう時こそ、普段はできない、他にはないオリジナリティのあるイベントを開催することもアイデアの一つです。

037

外

国製のキャンドルをプレゼント

ある人気店では、４種類（黄色、青、赤、ピンク）のキャンドルを、開店３周年記念のイベント中に来店したお客にプレゼント。そのキャンドルはグァテマラ製で、願いごとをかなえる言い伝えがあるという（黄色は家内安全、青は幸運、赤は家庭円満と恋愛成就、ピンクはいい出会い）。その言い伝えを説明しながら、お客の好みのキャンドルを手渡すことで、より強く印象に残るプレゼントになったという。

IDEA

プレゼント販促は、渡す品にストーリー性やプレミアム感があると、より印象が高まります。「台風で落ちなかったリンゴ」「銭洗い弁天（お金が貯まるご利益がある、鎌倉の神社）で洗った五円玉」などを贈る店もあります。

038 お客の協力で完成するオブジェ

イベント販促は、季節の行事や記念日から発想のヒントを得ることもできる。あるカフェでは、七夕に似たお客参加型のイベントを行なって大好評を得た。

その内容は、まず大きな四葉のクローバーの絵を店内の壁一面に掲げ、客席にはハート型の色紙を用意した。色紙にはお客自身に願いごとを書いてもらう。それをクローバーの絵に貼ってもらうと、願いごとの色紙で彩られた大きな四葉のクローバーのオブジェが完成するという趣向である。このイベントには、200名以上のお客が参加して大成功をおさめた。

IDEA

イベント販促の成功のポイントは、お客が参加して、感動を体験してもらうこと。巨大なクローバーのオブジェを見たお客は、そのインパクト同時に、自分も参加したという感激も得られます。何か楽しさのある店として印象付けることが、集客につながります。

039 「頑張れ！鈴木さん」

「女性客限定サービス」といった、販促の対象を絞ることで訴求力を高める手法は、昔からよく用いられている。〝限られた人のみ〟という付加価値が、お得感や優越感をくすぐるのである。

この「限定」の発想を広げて、ユニークな販促に仕立てた居酒屋がある。販促の名前は「頑張れ！鈴木さん」。その名の通り「鈴木」という名前のお客に、ドリンク1杯無料など、日替わりで様々な特典を与えるものだ。

さらに、グループ客の中に鈴木さんが

2人いたら「ゾロ目」で記念写真サービス、3人なら「ドラ3」でデザート3倍量、7人揃ったら「ドラゴンボール」と銘打って1500円相当の好きな料理を無料プレゼントする。

販促を告知する店内のPOPには「店長の鈴木です。全国で一番多い苗字の鈴木さん、他の鈴木さんと間違われたり、イチローと比較されたり…毎日ご苦労様です。そんな鈴木さんを応援するフェアを開催します！」と掲げ、楽しい文面でもイベントを盛り上げている。

IDEA

単に「鈴木さんが得する販促」にとどまらず、POPの文面や販促内容の面白さに工夫を凝らしているのも注目できます。「ドラゴンボール」はアルバイトのアイデアで、スタッフ全員で考えたことで、より充実したイベントになったそうです。

040

1ヵ月間有効の誕生日サービス

「誕生日にご来店のお客様にバースデーケーキをプレゼント！」。

こうした誕生日サービスを謳って集客を図る店はけっこう多いが、その特典が〝誕生日当日限定〟というケースもある。「誕生日」という意味からすれば何ら問題はないが、誕生日を利用して集客を図るという視点からすると、せっかく用意した機会を自ら逃してしまってはいないだろうか。

その点、ある居酒屋では誕生日の月の1ヵ月間を特典の有効期間とすることで、「誕生日を祝うならあのお店で」との評判を獲得している。たとえ誕生日当日に都合がつかなくとも、1ヵ月間有効ならお客の方も「一度店を利用してみよう」という気になりやすい。

さらに、1ヵ月間有効なら仲間の誰かが該当する確率も高くなり、普通の飲み会の際にも「せっかく祝ってもらえるのだから、あの店へ行こう」と選ばれやすくなるのも利点だ。

○○様
お誕生日おめでとうございます
お誕生月の10月中に
ご来店いただくと
特製ケーキプレゼント！！

IDEA

バースデー関連の販促は、飲食店同士の競争も激化しつつあり、差別化の工夫が欠かせません。お客の会話を聞いて、誕生日やお祝い事のために来店したことを知り、即興でデザートをプレゼントする、という店もあります。そんな臨機応変さも求められてきています。

041

お

客が踊る沖縄イベント

東京のビジネス街にある沖縄料理の居酒屋では、毎週土曜日の夜、スタッフが沖縄民謡を歌い、三味線や太鼓を打ち鳴らす。一緒に踊り出すお客もいる。

もともと沖縄では宴会などで見られる光景だが、これと同じ雰囲気を東京でもやりたいと始めたものだ。イベントを楽しみに毎週来店するサラリーマンもいるほどで、お店とお客が一体になるイベントとして定着している。

IDEA

他にも土佐（高知）の酒遊びをイベントとして取り入れる飲食店もあります。海外では、決まった時刻になるとお客全員で乾杯を交わす、というイベントを行なう店もあります。各地にある、知られざる宴席の風習をイベント化してみるのも面白いかもしれません。

042 マグロ解体ショーが週末人気に

大型鮮魚店やデパートの鮮魚売場などで実施されるマグロ解体のイベントは、圧倒的な集客力をみせている。最近では、飲食店でもこの解体ショーを行なう店が増えている。

あるすし店でも、お客の多い金曜日に、近海のマグロの「解体ショー」をつけ場で行ない、人気を集めている。

小型のマグロを使い、太鼓の音で店内のお客に知らせてからショーを開始。まず2人でマグロかかえてお客に見せ、つけ場で2人がかりでさばいていく。さばいたマグロは、すしや刺身として注文をとり、瞬く間に売り切れるという。

IDEA

お客の目の前で調理したり、食材を見せる演出は、連鎖的な注文を生みます。例えばカフェなら「お客の前でラテアート」、焼肉店なら「スタッフが最高においしい焼き方を指南」など、アイデアは広がります。

043

「ぬり絵」を展示して子供が大喜び

家族客向けの販促を考える際は、子供客への配慮が大切だ。

例えば5～6歳までの小さな子供は、料理が出て来るまでの待ち時間に、なかなかじっとしていられない。そこで、子どもの気がまぎれるサービスを施せば、親にも「小さな子どもに配慮のある店」という好印象を与えることができるはずだ。

その点で、東京のあるレストランでは、子供向けの「ぬり絵サービス」を行なって好評だ。

同店では、子どもが好きなカラフルなぬ

り絵ができるように色鉛筆を10種類も用意。芯がやわらかくて子どもでも書きやすい色鉛筆で、細かいところでの配慮が、来店客を喜ばせている。

完成したぬり絵は、お客が希望すれば店内に貼っておく。希望者が多ければ展示期間を短くして希望者すべてのぬり絵を貼れるようにしている。家族客をさらに喜ばせて、リピート利用につながっている。

IDEA

描いてもらったぬり絵を店でいったん預かり、次回来店の時にパウチ加工してプレゼントする、というレストランもあります。これもリピート利用を促す販促として効果があるようです。

044

バースデーソングのプレゼント

地方都市のロードサイドにあるカフェレストランでは、お客が感激するプレゼントでファンを増やしている。

それは、同店が企画している「誕生日コース」のプランで、コース(1500円より)を申し込んだお客に、スタッフからのバースデーケーキとバースデーソングをプレゼントするというもの。そのほかにも記念写真と雑貨をプレゼントする。

バースデーソングは若い女性スタッフが3人1組になって客席のそばに立ち、手拍子をとりながら元気よく歌う。とにかく

お客様を喜ばせたい！という気持ちが伝わるスタッフたちの大きな声とハツラツとした立ち居振舞いに、お客は感激するという。この誕生日パーティの企画は2名から予約を受け付けており、日に少なくても2組の予約が入るという。

IDEA

イベント販促は「コストをかけずに喜んでもらう」ことも大切です。この歌のサービスはその一つ。ミーティングで練習したり、揃いの振り付けを考えたりして、お客が喜ぶものにしたいところです。

045

ボーリング場とのコラボ企画

美容室、書店、フラワーショップ…。こうした地域の異業種の店舗と協力する飲食店が増えている。例えば、ショップカードをお互いの店に置くことで新しいお客の来店も期待できる。

さらに協力ができそうであれば、期間限定の協同イベントなども行える。

あるレストランでは以前、店から30メートルほどの場所にあるボーリング場との〝コラボ〟販促を行なった。レストランで食事し、会計が3千円以上の場合は、そのボーリング場での1ゲー

レストラン
QWRTY
コラボ企画
×
ABCボウル
レストランQWRTYでお会計3,000円以上で
ABCボウルで1ゲーム50%OFF
ABCボウルで2ゲームアベレージ150以上で
レストランQWRTYでディナー20%OFF

ム割引券を進呈。一方ボーリング場で2ゲーム行ない、アベレージが150を超えたグループには、レストランのディナー割引券をプレゼントするというものだ。

お互いに店内のPOP等で大きく告知して利用を促し、地元客の集客に貢献したという。

IDEA

地元の飲食店同士が協力してメニュー開発したり、スタンプラリー販促を行なう例もあります。飲食店はどんなチェーン店であれ、地域に愛されることが繁盛のためには欠かせません。そう考えると、地元の結びつきを販促に活かしていくことは大事です。

046

誕

生日祝いの記念写真を、もっと素敵に

子どもやお年寄りの誕生日祝いで、外食利用してくれる家族客に、その会食の場で記念写真を撮影してプレゼントする、という販促がある。

この記念写真サービスは多くの飲食店で行われているが、ある郊外のレストランではプラスアルファのサービスを工夫して喜ばれている。

この店では、デジカメで写真を撮影後、その写真をきちんと写真立てに入れてプレゼントする。あらかじめ100円ショップなどで格安の写真立てを購入しておき、写真を撮っ

たらパソコンに取り込み、その写真立ての大きさに合わせてプリントアウトする。そして、食事が終わった頃を見はからってプレゼントするのだ。

ほとんどの家族客がこのプレゼントに感激して、次の来店に結びつくという。費用を抑えながらも喜ばれる販促として注目だ。

IDEA

お客の了解が得られれば、記念写真を店内に飾ったり、デジタルフォトフレームでスライドショーにして流したり、といった活用もできます。誕生日祝いの販促をアピールすることになりますし、楽しいお店の雰囲気づくりにもなります。

047

酒

席を盛り上げる「オリジナル一升瓶」

宴会客に好評なプレゼント販促として、オリジナルラベルを貼った日本酒をサービスする居酒屋がある。

同店では10名以上の宴会客に、地酒を一升瓶でプレゼントするサービス行なっているが、この瓶に貼るオリジナルラベルが好評なのだ。

ラベルは、パソコンで作成。チラシやPOPの制作ソフトを使い、歓送迎会・お誕生会・結婚式二次会…など、宴会の趣旨に合わせて様々なパターンのものを用意する。宴会の主賓の名前やオリジナルのメッセージも、

お客の要望があれば入れられる。

このプレゼントは、宴会開始後30分ほどたって、酒席が盛り上がった頃を見計らって行なう。ラベルに関しては幹事以外には何も説明しないため、途中で気づいて大賑わいとなる。特に、ラベルに名前が入った主賓は大いに感動し、ラベルをはがしたり瓶を持ち帰ったりするお客もいるほどだ。

IDEA

「オリジナルラベル」は、以前からあった販促手段ですが、パソコンやプリンターの普及により、より低コストで素早くできるようになりました。プレゼントの際に、お店のスタッフがお祝いの口上を述べたりすれば、より盛り上がることでしょう。

048
ルーレットで割引

若い客層が多いあるカフェレストランでは、ルーレットを販促に活用。ルーレットをまわして、出た数字に応じて割引金額が決まるというものだ。

割引額は100円~2千円で設定し、300円が中心。以前は、レジで会計のときに次回使える割引券を配っていたが、それよりも、客席が盛り上がって活気が出るという。リピーターも増えたという。

IDEA

割引額の幅が大きいこともこの販促のポイントで、より客席が盛り上がります。

049 じゃんけんで割引サービス

大阪のサンドイッチが人気のカフェレストランでは、チラシを持参したお客とじゃんけんをして、お客が勝ったら特典を用意。サンドイッチが10％オフ、ハーフサイズのデザートをプレゼント…など、４つの特典から選べるのも好評だ。

もしお客が負けても店の自家製クッキーをプレゼントして悪い気持ちにはさせない。来店のきっかけになるとともに、お店とお客の会話も生んでいる。

IDEA

こうしたゲーム性のある販促は、盛り上げ方も大切です。例えばじゃんけんなら、他のスタッフがお客のほうを応援する、お客が負けたら一緒に残念がる。くじ引きイベントなら、当たったら鐘を鳴らす…など。まず店のスタッフ自らが楽しむことが欠かせません。

050

割引率をくじ引きで決めるイベント

早い時間帯に来店したお客に割引をし、それをイベント化して盛り上げている居酒屋がある。毎日、1番最初に来店したお客から3番目のお客まで割引を行なっているのだが、それだけでは、割引してもらったお客が喜ぶだけだ。

そこで、割引率は他のお客に、クジを引いてもらって決めるようにした。当たりは5％～20％割引で、ハズレはなし。こうすることで、割引サービスを全ての来店客に宣伝できる。また、1番目のお客より3番目のお客のほうが割引率の高いクジを当てて盛り上がることもあるという。

IDEA

客足が鈍い、早い時間帯の集客のために販促を打つ店がありますが、意外と認知されていないケースが少なくありません。こうしたイベント的な要素を持たせることも、認知拡大の一つの手です。

051 「ミニ教室」が来店のきっかけに

イベントの一環として「教室」を開催する飲食店が増えている。ワイン教室やパン教室、英会話教室などを定休日やアイドルタイムに行なう、といった具合だ。飲食店が教室を行なう例は以前からあったが、地域の新規客の来店のきっかけになって常連化につながりやすい点が、改めて注目されている。

例えば、あるカフェではコーヒー豆を焙煎する小型の道具を使った「焙煎教室」を月に2回開催。普段、目にすることのない焙煎を体験できる楽しさが若い客層に受けて、クチコミで新しいお客が来店するきっかけになっている。

IDEA

飲食のプロの技や知識を教えてもらえる——。「ミニ教室」はそんな魅力でお客を集めるイベントです。ただし、イベントに集まった参加者を店のファンにするには、内容はもちろん、段取りのよさや参加者を満足させるサービスなどに力を入れることが大切です。

052

店

名ロゴの携帯ストラップをプレゼント

いまや誰もがもっている携帯電話。身近な携帯電話だから、自分だけの個性を表現したいと、多種多様な携帯ストラップをつける人が増えた。

そこで、あるバーでは開店記念日に配る記念品を携帯電話のストラップにして喜ばれた。この記念品は、店名ロゴを形どったもので、6～7㎝ほどの金属製。鎖を付けてストラップやキーホルダーとしても使えるようにした。製作費は1個あたり200円弱。

この記念品を、店の名簿にある全国各地のお客全員に配ったところ、礼状が手紙やメールで届いた。店にお礼に来るお客も多かったという。

IDEA

最近は、店名にお洒落なロゴを作成する飲食店が増えてきました。そのロゴを、ショップカードやシール、Tシャツなどプレゼント用の販促品に活用し、「お洒落でかわいい」と喜ぶお客もいます。新規出店の際は、こうした“使える”ロゴデザインも考慮しましょう。

3章

他と差をつける
店頭アピール・店内装飾

053

大

売出し方式の呼び込み

ある居酒屋では、店頭で鐘を鳴らして呼び込みをする。福引のときに鳴らす鐘だ。あの鐘の音を聞くと、「福引やっているんだ」とか「あ、だれか当たったんだ」と鐘の方向が気になる人は多い。

その条件反射を利用して、店頭で鐘を鳴らし、「いまなら、ちょうど5名様のご案内なら本日使える2千円券を差し上げます」と呼びかける。

また、「いまなら、女性だけのお客様のご利用でしたら、本日ご利用で

きる飲み物半額券を差し上げます」と呼びかける。ぴったりの条件のお客が現れたら、また鐘を鳴らして店内へ案内するという。

単に「いらっしゃいませ」ではなく、条件を付けた呼び込みは、かえって通行客の関心を引く効果があるという。また、鐘の音は〝活気ある店〟の店頭アピールにもなった。

IDEA

小売店では、オリジナルのBGMにのせてその日のセール品などをスピーカーから流す店もあります。店頭で音を出す販促は通行人の興味を引くのに有効ですが、近隣への迷惑も考え、日頃からフォローをしておく配慮も大切です。

054

低

コストで効果の高い商品看板

あるそば店では、人の腰ほどの高さのメニュー看板を店頭の壁のスペースに立てかけ、通行人にアピールしている。

看板には「二八の国産そばです」「ランチは食後のコーヒー200円」「春の野菜天ぷら」など、店の商品とキャッチコピーを掲げ、料理のイラスト入りでさりげなく店の売り物をアピール。ホームセンターで売られている木の板を使っただけの素朴な看板だが、大きさゆえに道の反対側からでもよく目立つ。低コストで、店頭をにぎやかにした効果の高い看板となっている。

IDEA

店の外観で、人の腰より下の部分は、装飾のデットスペースとなっている店が多いようですが、遠くからでも意外と目に入りやすい部分でもあります。自店の店頭をいろんな距離・角度から眺め、どこに看板や装飾を置けば効果的か、検討してみることは大事です。

055
店頭で、地元の野菜を販売

東京の郊外にあるレストランでは、地域の野菜農家が生産した野菜を店頭で販売。この野菜は店でも使用しており、野菜販売を告知する店頭の黒板には、生産者の名前や野菜の特徴などを表示している。

地域を大切にする店という印象を与え、野菜の購入をきっかけに同店を利用するお客も増えた。

本日の野菜
千葉県産
とまと
中玉サイズの食べやすい大きさのトマト。栽培期間中に水分調整をすることで、果肉が滑らかで食感が良く、甘みの強いフルーツのようなトマトになります。雑味がなくバランスの良い、新鮮さを感じるタイプです。
生産者 田中賢二さん
メッセージ 皮も固くないので、お子さまでも食べやすいですよ。

IDEA

店で使う野菜や魚介類を店頭でアピールする例はありますが、それを一歩推し進めた店頭アピールといえます。実際野菜を購入したお客は、ただ野菜のディスプレイを眺めていた通行人より、少なくとも店の認知を深めることになるはずです。

056 「店頭を祭り」にする焼きそば

店頭に鉄板を出して、「焼きそば」を売って好評の居酒屋がある。以前、商店街のお祭りのときに実施して思いのほか評判だったので、祭りの後にも続けているものだ。

店頭に出て呼び込みをしたり、チラシを配るよりは、焼きそばを焼きながら呼びかけたほうが、その様子を見て立ち止まる通行人が多く、集客につながる確率も高いという。また、焼きそばは、持ち帰りでの店頭販売もするが、店内で食べるなら「一皿

に盛り放題」というサービスもした。

「店内でお召し上がりなら、お皿に盛り放題ですよ」「さあ、好きなだけ盛ってもお値段は同じですよ」と、焼きながらインパクトのある呼び込みもできる。

これによって、〝毎日がお祭り〟のような活気を店頭につくり、集客力を高めている。

IDEA

都心のあるパブで、店頭にビールサーバーを置き、持ち帰り販売を行なう店があります。外国人の利用が多く売上も好調ですが、外国人が店前でビールを飲んでいる様子そのものが、他の通行人への店のＰＲにつながっているそうです。

057

トイレで要望を収集

洗面所にノートを置いて、「よろしければ、私たちにステキなメッセージを下さい」と、お客様の声を集めている店がある。書いている姿が誰にも見られないこともあり、ノートに書き込む人は多いという。

その内容は店長がミーティングの際に公表して、スタッフ全員が、ノートに書かれた要望や苦情を共有するようにしている。それによりスタッフの問題意識が向上したという。

IDEA

トイレにアルバイト募集の告知と、応募用の履歴書を置いている店もあります。そこから応募してくる人は、お店を気に入っているから働きたいという人が多く、定着率もよいそうです。トイレをそんなコミュニケーションの場として活用する店が増えています。

058 〝授乳室〟がママの心をつかむ

地方郊外のある繁盛カフェでは、最近、授乳室を新たに設けた。それがママたちの間で評判になっている。

小さな子供を連れたママでも安心して利用できるとあって、家族客の客数が増えた。それ以上に、「ママにやさしい店」との評判がクチコミで広がっており、店のイメージアップに大きな効果を発揮している。

IDEA

子育て中のママは、「おむつ交換台がない」「子供の遊び場がない」それだけで外食を敬遠します。逆に、ママを応援する姿勢を形にすれば、外食がしたかったママからは感謝とともに大きな評価を得ることができます。感謝されることでお客を集める好例です。

059 手書きのメッセージで好印象を

紙のランチョンマットを使用する店は多いが、このランチョンマットも工夫次第で、店の好感度を高める有効な販促ツールに早変わりする。

ある店ではランチョンマットに手書きのメッセージを書き添えて、お客から好評を博している。例えば予約客なら「○○様、本日はご利用いただきまして誠にありがとうございます。本日のおすすめは□□となっております。赤ワインがとても相性がよいので、ぜひお試しください」などとお客一人ひとりにメッセージを寄せるのだ。店の心遣いがストレートに伝わる販促として喜ばれている。

IDEA

手書き文字は、書いた人の姿勢や店の温かみも伝えられ、それが店の好印象にもなります。パソコンによる販促物が主流の今日ですが、ピンポイントで手書きメッセージを使うと、お客に特別感を持ってもらえるかもしれません。

060 店頭でクイズ→正解なら割引

ある中華料理店では、店頭で「中華料理クイズ」を行なって評判だ。

クイズの問題は「満干全席の由来」や、「ラーメン丼のうず巻模様は何という？」など、中華にまつわるものを選び、店頭の看板で出題する。店内に置いた解答用紙に答えを書き込んでもらい、正解の場合は会計時に料金を割引するというものだ。

話題性が高く、店内でのコミュニケーションにも役立つ販促として人気を集めている。

IDEA

テレビでも、クイズ番組は安定した人気があり、「日本人はクイズ好き」かもしれません。雑学知識を刺激するクイズ、あるいは飲食店らしい内容のクイズはお客の興味を引きやすく、店頭でのアピールに使える一つの手です。

061
「雨の日」こそ、店頭を強化

「雨の日サービス」を行なう店は多いが、意外と認知されていない場合もある。雨の日は視界も悪く、通行人も足早になりがちで、その店で販促していることを見逃しやすいのだ。だからこそ、せっかくやるなら店頭看板やタペストリーで大きくアピールすることが大事だ。

あるオフィス街の和食店では、「雨の日の特別サービスランチ・ワンコイン天丼500円！」という販促を実施。天丼の写真を載せたよく目立つタペストリーを店頭に掲げ、店の前を通るフリ客も店に呼び込み、新規客の開拓につなげている。

IDEA

雨の日と晴れの日で店頭の雰囲気が違う。昼と夜でPOPや看板を入れ替える…そんな違いを出すことも店頭アピールのコツです。

062 地下の店が、店頭でテイクアウト販売

ある洋食店では、ランチに合わせた弁当の店頭販売を実施。「オムライス」500円や「ミックスパスタ」600円などの4種類の商品を、1日に平均して30食ほど売る。

注目なのは、同店が地下に立地している点だ。店舗に続く階段の入口付近にテーブルを置いて商品を販売するのだが、同時に販売員がイートイン利用のお客の呼び込みも行なうのだ。

結果、通常の客層とは異なる年配客の利用をつかむことにもつながった。店頭販売を行なうことで活気が生まれ、地下の店の存在をアピールする効果もあげている。

IDEA

「店頭販売は路面店だからできる」というわけではありません。専有スペースがあれば、地下の店や2階の店でも可能です。看板設置などと同様、ビルのオーナーと交渉して入口スペースを使わせてもらっている、という店もあります。

063

試

飲スープで、暖かさを演出

冬場は、寒さが実感できるようになるにつれて、店内の暖かさが恋しくなる。そこで寒くなる時期は、店内の暖かさを店頭でアピールすることで集客力を高めることもできる。

例えばある韓国料理店では、店頭でコムタンスープの試飲サービスを行ない、人気を集めている。

同店では、牛骨やスジ肉を1日かけて煮込み、コムタンスープを作る。このスープを使った鍋料理やスープ料理の数々が、この店の売り物の一つだ。手間をか

けたスープのおいしさを知ってもらおうと始めたのが、このサービスだった。

店頭では、スープは大根などの具を加え、寸胴に入れて七輪にのせ、湯せんで温めておく。スタッフが通行人に声をかけ、薬味も用意し、お玉1杯分のスープを味わってもらう。

このサービスは夜の営業中、手の空いた時に行なう。通行人へのアピールだけでなく、席待ちのお客へのサービスとしても利用している。

IDEA

中華料理店で、店頭に肉まんなどの蒸篭を置き、温かさを演出するところもあります。夏なら冷たい料理の演出で涼しさをアピールするなど、季節による変化を取り入れたいところです。

064

客

席ごとディスプレイする

ランチタイムに、ランチのサンプルを店頭に出す例は多いが、あるイタリア料理店では、店内の客席と同じテーブルを店頭に出し、その上にランチのサンプルを並べている。

テーブルには店内と同様クロスをかけ、ランチのサンプルやドリンク類の他、カスターや花も置く。椅子も配置している。客席の雰囲気そのものを店頭で再現することで、その店で食事を食べるシーンを連想させ、お客の利用を促している。

IDEA

店頭アピールで大事な要素の一つが、店頭でその店に共感してもらうことです。安心できる雰囲気、料理の魅力が上手く伝われば、お客にとって「入りやすい店」となりえます。

065

壁

一面の「お客様写真集」

都内のあるバーでは、店内の壁の一角にたくさんの写真を貼っている。来店したお客を撮影したスナップ写真で、壁一面にすき間なくびっしりと貼ることで、お客の目をとめるとともに活気を作り出している。

また、同店では誕生月に来店したお客にビールを1杯無料でサービスしているが、そのビールをおいしそうに飲んでいる姿を撮影して壁に貼っている。ビールをプレゼントされたお客にとっても、さらに店への印象が強く残るわけだ。写真が貼り出されることを楽しみに再来店するお客もいるという。

IDEA

撮影した写真を、お店のブログやツイッターに毎日掲載してコミュニケーションを図り、店への親近感を打ち出している店もあります。お客を撮影する際は、掲載する許可を得ることも忘れずに。

066 猫が席取りする店

席の予約を受けた場合、予約席のプレートを卓上に置くのが普通だが、そこをひと工夫して好印象を集めている店がある。

その店では予約席のプレートの代わりに、人間のような体型をした大きめの猫のぬいぐるみを使用。そのぬいぐるみを客席にちょこんと座らせて、首にはメッセージボードをぶら下げる。

ボードには「○○様、お待ちしていニャした。席をとっておいたニャン。ゆっくり楽しんでニャ」とメッセージを書き記し、ユーモアたっぷりにお客を迎え入れるのである。〝猫が席取りする店〟としてお客の印象づけに一役買っている。

IDEA

誕生日や記念日での予約なら、さらにメッセージを工夫すれば好印象に。子供客が大喜びしそうなサービスとしても活用できそうです。

067 ドア全部がメニュー表

　ある人気カフェでは、入口ドアのほぼ全面を黒板にし、チョークでメニュー内容の一部を書いている。入口以外にも、店内の壁の一部とトイレのドアにも黒板を使用。そこにメニューをずらっと記載している。
　料理やドリンクのイラストも描き、壁自体をいわばメニュー表として使うその様子は壮観で、店の雰囲気づくりにも一役買っている。

IDEA

他に、窓ガラスに書けるマーカーペンを使ってメニューやイラストを描き、店頭の装飾とする方法もあります。また黒板メニューなどは、できれば定期的に書き換える方が、店の新鮮な雰囲気を打ち出すことができます。

068

〝人気ベスト10〟ランキングで誘う

人気メニューを店頭で紹介する販促は一般的だが、いま風のビジュアル的なアピールで成果を上げている居酒屋がある。

この店は地下に店舗があり、そのハンデをカバーするため、メニューの〝ベスト10〟を写真つきで紹介するＰＯＰを作成。これは、定番メニューの中から上位10品を店で撮影して作ったもので、地下へ続く階段の入口に設置してアピールする。

以前は写真を使わず、メニュー名のみでランキングを貼り出していたが、より視覚的にも訴えられるようにと写真入りに変更した。その結果、客席に座って「1位の料理をください」などと注文するお客も増加。店の雰囲気が伝わりづらい地下立地にあって、新規客の来店を後押しするツールとして威力を発揮している。

当店人気BEST 10 メニュー
1位 出汁巻玉子
¥650
できたてが美味しい！
2位 特製サラダ
¥700
特製
手作りドレッシング
3位 男爵コロッケ
¥550
新ジャガでホクホク！
4位 旬のお刺身
3点盛り

IDEA

テレビ番組でも、飲食店の「ランキングもの」が流行っている中で、こうしたランキングを喜ぶお客もいます。POPには写真とともに、メニューの特徴を紹介するひと言を記しておけば、より興味をもってもらえるでしょう。

069

売れ数10食UPのタペストリー

ランチのお客は、夜と違って食べる料理や行く店を決めていないケースが多い。そこで、時間がない中で素早く料理や店を決めたい、というフリ客の心理にアピールすることが、ランチタイムの店頭アピールのポイントになる。

例えば、都心のオフィス街に立地するラーメン店では、ランチの営業時に縦1・5m、幅60㎝のコンパクトなタペストリーを掲げた。タペストリーには、売り物である「坦々麺」の写真を大きく掲載。背景色は坦々麺のイメージに合う茶色と黒を施して存在感を高め、コンパクトなサイズながら遠くからも目立つようにした。

さらに、タペストリーを貼り出す角度も工夫。この店は大通りから一本入ったすぐのところに立地しており、人の流れが多い大通りに向けて貼り出している。その結果、担々麺の売れ数が従来に比べて10食アップし、新規客の獲得にもつながった。

IDEA

タペストリーや看板は、店の規模や立地、業種に合わせて、サイズやデザイン、アピールする内容を変えることも大事。目的を明確にしたアピールの仕方を工夫すれば、この事例のような成果を上げることができます。

070

店

頭の〝数字マジック〟で集客増大

数字は、単位や表し方によって、それを見る側の印象は異なってくる。例えば「タウリン2000ミリグラム」と表示されれば、何かたくさん入っていそうな印象を受ける。しかし、同じ量のはずなのに「タウリン2g」と書けば、何となく少なく感じてしまう。こうした数字の心理を応用したメニューPOPのキャッチコピーを打ち出すことで、集客に成功したラーメン店がある。

この店の売り物は野菜たっぷりのタン麺。1日に平均50食を販売する。ある時、開業から現在までの売れ数を合計したところ、

9万食以上を販売していた。そこで店頭にこんなメニューPOPを掲げた。

「創業から5年、おかげ様で大人気のタン麺が、販売数9万杯を突破しました」

すると、この「9万」という大きな数字に目が止まって来店する新規客が増加。もともと名物としていたタン麺の商品力の高さもあって、新規客がリピーターとして定着する成果があったという。

IDEA

「9割のお客が泣いた映画」「東大合格率○%」など、数字を使ったPRは様々な場面で見かけます。この店のPOPは虚飾でもなんでもなく、単に売れ数を合計しただけですが、飲食店の店頭に似つかわしくない大きな数字に、思わず関心が引き寄せられます。

メニューサンプル活用術I

店の存在・魅力をアピールするにはメニューサンプルが有効手段の一つです。しかし単なる〝見せ方〟にとどまり、存在感を十分に発揮しきれていない店もあります。単なる見せ方から〝魅せ方〟へ。集客力を高めるメニューサンプルのディスプレイ法を紹介します。

メニューサンプルは“魅せ方”の工夫で誘客力が変わる！

◎メニューサンプルを立たせる

これまでメニューサンプルというと、飲食店のショーウィンドの中で、ただ単に棚の上に置いている、または少し角度をつけて置いている店がほとんどですが、最近はかなり角度をつけて立てている店が増えています。

メニューサンプルに角度をつけて立てる事で、遠くからでも通行客の目にとまり、より多くの通行客を店頭に引き付ける効果が生まれます。ただ単に棚の上に置いているだけの場合、ショーウィンドの前までいかなければ、料理内容が分からないのに比べ、角度をつけて立てる事で、より遠くからでも料理内容がわかるようになり、通行客の「ん？」という気持ちをくすぐるわけです。

さらにショーウィンド内の明かりを、メニューサンプルが反射するので、店頭

角度をつけて立てることで訴求力アップ

食事シーンを演出したメニューサンプルが効果的

も明るくなり、自然と通行客を店頭に誘引できるようになります。

実際にある店では、「サンプルに角度をつけて陳列するようになってから、来客数が10%～15%アップした」との事。メニューサンプルは、価格と商品内容を伝えるだけのツールとして捉えがちですが、きちんと角度をつけて陳列する事で、営業感を演出し、お客が店を選択する時の非常に有効なツールにもなります。

◎「臨場感」で食欲をかきたてる

肉を焼いている瞬間、茹で上げたパスタをソースに絡めている瞬間、などなど、「おいしそうな」シーンをサンプルで表現するのもひとつの方法です。単なるメニューサンプルではなく、臨場感のあるサンプルが、「食べたい！」という気持ちを刺激し、よりスムーズな来店を誘う事ができるのです。

また、メニューサンプルに写真などを組み合わせてシズル感をより強化する手法も、料理の魅力をアピールするという点で効果的。例えば湯気の上がっている写真、炭火で焼鳥を焼いている写真などは、多くの人の食欲を刺激します。

ある店では、メニューサンプルのうしろに、ジンギスカン鍋の上で肉がおいしそうに焼けている写真を掲示する事で、料理の魅力をより強くアピールし、ジンギスカンメニューの注文数を増やす事に成功しています。

4章

好感度アップの
接客アクション

071

名刺交換でドリンク無料に

ある居酒屋では、スタッフと名刺交換して名刺を5枚集めたら、生ビール1杯無料というサービスを行なっている。

スタッフは店長の他、アルバイト5人。曜日ごとに2名ずつアルバイトは勤務する。5人分の名刺を集めるには、何回か来店する必要がある。

また、名刺交換の際は、店の案内をメールしてもよいかを確認し、お客の名前と会社も覚えるように指導。お客の名前を覚えることにも役立っている。

IDEA

接客が苦手なアルバイトスタッフでも、名刺交換をきっかけにお客と会話するチャンスが増えます。接客力の向上という点でも有効な販促といえます。

072

お見送りは2人でやる

ある和食店では、会計を終えてお客が帰るとき、スタッフが店の外に出て「ありがとうございました」と言ってお見送りをする。それも必ず2人でするう。1人より2人のほうがお客は気分がいいだろうと考えたからだ。忙しいときでも徹底するようにしているという。

元気な声でお見送りする姿が評判になり、お客が自分のブログに書いてくれたりして、この接客サービスを始めてから、客数が少し増えたという。

IDEA

お客を見送るスタッフの姿は、見送られたお客だけでなく、他のお客や店の外にいる通行人も見ています。しっかりした挨拶、態度で接すれば、それを見ているほかの人からも好印象を得られるでしょう。

073 割

引券でなく「割引言葉」

あるダイニングでは、店外で呼び込みするとき、通行客に個別に声をかける。

その第一声は、「合言葉を言ってもらったら、ドリンク半額にします」。

「合言葉」という言葉に、まず興味が引かれるし、「ドリンク半額」もインパクトがある。店を探していたお客は思わず足を止めたくなる。合言葉を言えば本当にドリンク半額になるのかと、おもしろがってくれる通行人も多い。そうしてやってきた人には合言葉を伝え、店内まで案内している。

この呼びかけは、客足の悪い日に限って実施する。前は店頭でドリンク半額券を配ったが、券を受け取ったお客がその日に来店してくれるとは限らない。販促の結果をその日に出したかったので、合言葉を言うようにした。この呼び込みの効果は上々だという。

IDEA

チラシ配りや店頭での呼び込みは、ただ配る、ただ声を出すだけでは効果は上がりません。お客を引きつける意欲が求められ、接客力が試されます。その意欲と接客力を引き出す上でも、こうした工夫を取り入れることは効果的です。

074

「最初の注文」を早く出す工夫

最初の飲み物、最初の料理の提供が遅いと、お客のイライラは大きい。逆に最初の商品が早く出ると、その後の注文数が増える傾向にある。その点を考慮して、ある居酒屋では、最初に注文された商品は、特に素早く出すよう工夫をしている。

伝票に「S」と書いた商品は最初の注文で、スピード提供のマーク。これを見て、調理スタッフは優先的に早く作るようにし、ホールは急いで運ぶようにしている。これで提供スピードも高まり、客単価100円アップに成功したという。

IDEA

料理の提供スピードは、お客の再来店や売上増大に直結する重要な部分です。これは居酒屋に限らず、どの業種でも共通する重要なポイント。店によっては、すぐに出せる料理を必ず最初の注文でおすすめするところもあります。

075 提供の順番を提案

ある大衆食堂は、夜になると居酒屋利用をするお客が来店するが、料理の注文を受けたら、その料理の提供順序を提案して喜ばれている。

「この焼き魚は焼きたてがおいしいので、最後に出しますね。ジュージューいっているのがおいしいので」「この煮物は味が濃いめなので、お刺身のあとにお出しします」といった具合だ。

一度に注文の料理を出して、熱いものが冷めてしまわないよう、また、味がケンカしない順番で出すように心配りをする。大衆店だけれども料理を大切にしていることがお客によく伝わり、人気を呼んでいる。

IDEA

調理が複雑になりますが、料理の提供順に配慮するのは高級店だけではなくなってきました。上手くやるためには、ホールでお客の食事の進み具合を見渡す“司令塔”役のスタッフを置くこと。店長やホールリーダーがこの役を担うことが多いようです。

076 雨の日に効くおもてなし

客足が鈍りがちな雨の日、来店してくれるお客に対するちょっとした気遣いが、店の好印象を高めることになる。

ある居酒屋では、雨の日にお客が入店した際、「お預かりします」と一言添えて傘を預かり、丁寧に畳んでビニール袋に入れるサービスを徹底している。雨にぬれたお客は、早く客席に座ってくつろぎたいもの。そう考えて、傘を畳んで席まで運ぶ接客を始めた。お客が濡れたままの傘を店内に持ち入り、床が滑りやすくなるのを防ぐ意図もある。

さらにこの店では、傘を畳むのと同時に「雨の中、わざわざご来店ありがとうございます。どうぞ、お使いください」と、スタッフがタオルを手渡す接客を行なう。カバンやコートを拭いてもらうのだ。

他にも、この店では椅子の上にバッグを置いている女性客に「汚れるといけませんのでこのナプキンをお使いください」と手渡す接客や、寒そうな様子のお客にひざ掛けを渡すなど、細やかな配慮が店の評判につながっている。

IDEA

傘を入れるビニールやタオルを置いている店はあっても、スタッフが直接手渡したり、傘を畳んであげる店は意外と少ないようです。それほど手間なく、しかもおもてなしの心が伝わる接客サービスだけに、もっと実践したいところです。

077

頭

文字に「あ」がつく人、大歓迎！

若者客を多く集めているある居酒屋では、ちょっと変わったおもてなしが話題を呼んだ。

やり方はこうだ。店頭に「本日、苗字の頭文字が〝あ〟のお客様、大歓迎いたします！」と看板を掲げ、強くアピールする。来店客で「あ」が頭文字の人には身分証明書を提示してもらい、確認後、客席へと案内する。

すると卓上には「阿部様　ご来店ありがとうございます！」と歓迎の色紙がすでに置かれており、阿部さんとその仲間全員に食前酒をサービスする。身分証を確認したら、別のスタッフが素早く色紙に名前を書き入れておくのだ。

その後も注文が入れば、「阿部様から注文をいただきました」「ありがとうございます」と全スタッフで復唱したり、まわりのお客が思わず笑ってしまうほど徹底的に歓迎するのである。

苗字の頭文字は日替わりで変更。来店するたびに誰が歓迎されるのかが楽しみだ、というグループ客もいたほどで、名物の接客として店の認知度を上げることに貢献したという。

本日の大歓迎！
苗字のアタマに
「あ」
がつくお客様
あさださん　あらいさん　あいざわさん
あさいさん　あいかわさん　etc.
スタッフ全員で
熱烈におもてなし
させていただきます！

IDEA

お客の顔を覚え、名前でお呼びする接客は、それだけで親しみが湧き、好印象を獲得できますが、名前を知るチャンスはそれほど多くありません。この販促ならスタッフもお客の顔と名前を覚えやすく、再来店の際もしっかりもてなすことができそうです。

078 「もったいない」で好感度アップ

ある和食店では、団体客の宴会が行なわれた際、こんな気配りが感心された。

宴会の終盤近く、コース料理もひと通り出し終わった時、お客が食べきれなかった料理に刺身の盛り合わせがあった。それを見たスタッフは宴会の幹事に向けこう申し出た。

「もしよろしければ、このお刺身、もったいないので、おすしに作り直してお持ちしましょうか。サービスいたします」。

この「もったいないので」というひと言で、好感度を高めたのである。

幹事が了解すると、刺身をいったん調理場に引き上げ、調理スタッフがにぎりずしや巻き物に仕立てて再度提供。刺身はネタによって炙りににぎりにするなど細かい配慮も施し、盛り付けもきれいに仕上げて宴会客から大喜びされたという。

IDEA

冷めた料理があったら「温め直しましょうか?」。日持ちのする料理なら「お包みしてお持ち帰りになりますか?」などなど、他にも親切にできるポイントはいろいろあります。

079

子供客だから「わざと負ける」

店員とお客がじゃんけんをし、勝ったら特典をプレゼントする、という販促があるが、こうしたイベント販促は、スタッフの盛り上げ方次第で、お客に残る印象は大きく異なってくるものだ。

ある郊外のレストランではこんなやり方で好評を得ている。家族連れで来店した場合、子供客とじゃんけんをして、子供が勝てば次回来店時に使えるアイスクリームのサービス券をプレゼントするという販促だ。

じゃんけんの勝負自体は場を盛り上げ

る演出に過ぎない。スタッフは子供客を喜ばせるよう、臨機応変な対応を工夫するのがポイントだ。例えば相手が小さな子供の場合、

「お姉さんはグーを出すからね」

などと伝える。それでも小さい子供だと負けてしまうこともあるが、再度じゃんけんをして、スタッフが〝後だし〟することで必ず子供に勝たせるようにする。こうした応対の工夫により、家族客の好印象が高まり、リピート利用につながったという。

IDEA

接客で子供客の歓心を買うことは、家族客の再来店に大きな効果を与えます。最近では、“戦隊ヒーロー”ものの着ぐるみを着たスタッフが接客に当たって大人気だったという店もあります。いろいろ工夫してみましょう。

080

「人」

数分に分ける」ことで好感度アップ

東京のあるカフェでは、「分ける」サービスをして喜ばれている。

例えば、揚げ物などのオーダーを受けたときに、「食べやすいようにお切りしてきてもよろしいですか」とすすめる。また分け合って食べやすいように「お切りしてお出ししましょうか」ともたずねる。事前にわざわざ了解をとることで、親切さと気くばりがアピールできる。

また、カップル客がデザートを注文したら、「(1つのデザートを)半分にして2つお持ちしましょうか」「(別々のデザートを)半分ずつ盛り合わせにもできますよ」とすすめている。

IDEA

多くの店は、「唐揚げは○g」「デザートはこのお皿で」などと、商品の規格をしっかり定めています。不公平感をなくし、原価がぶれない様にするためには確かに大切ですが、そこに捕らわれすぎて、こうした気配りが欠けていないか、見直したいところです。

081

ね

ぎらいのひと言と「うちわ」

居酒屋などで、1杯目のビールを提供した際、お客が飲むタイミングで「今日も一日、お疲れ様でした」と、スタッフがねぎらいのひと言をかけるサービスがある。

これだけでも、お客にとっては好印象だが、ある店では、季節によってさらにプラスアルファの接客アクションを仕掛けて話題を集めている。例えば、夏場なら「お疲れ様です」の言葉とともに、うちわでお客のことをあおいであげる。そしてそのままうちわをプレゼントする。「お？　おお～涼しい！」などと喜ぶお客が多いという。

IDEA

もう少し発想を広げれば、「次回来店時ドリンク1杯無料」などのクーポンつきのうちわを、お店で作るアイデアも浮かびます。「あおぐ接客」の好印象があるだけに、クーポンの利用率も高まりそうです。

082
「ぐるぐる」回ってもらう好感接客

焼肉店などでは、お客が服についた臭いを気にするので、レジ横などに消臭スプレーを用意する店が増えている。ただ、せっかく置くなら、これを好印象の接客に生かすことも考えたい。

そこで、最近見かけるサービスとして、スタッフが消臭スプレーをお客にかけてあげる、という好感接客がある。

会計後、スタッフはお客を外まで見送りに一緒に出る。そのタイミングで、「では、このスプレーで臭いをとりますので、ぐるぐる～って回ってください」と言う

のだ。お客は「？」と思いつつも、ぐるぐる回ると、スタッフはスプレーを全身に吹きかける。そしてそのまま「はい、臭いがとれました」「ありがとうございました。またお待ちしております」と見送りの接客につなげていくのだ。お客が自分で回る、という楽しい体験が印象に残り、再来店につながる接客アクションとなっている。

IDEA

卓上にあえて爪楊枝を置かず、お客に言われてから「どうも気づきませんで（ニコッ）」と言って渡す店もあります。消臭スプレー、爪楊枝もただ置いておくだけではお客に「当たり前」と思われる場合もあります。「やってあげる」接客をプラスすることで、より大きな付加価値となるのです。

5章

集客を高める メニュー表・POP・チラシ・DM・ウェブ

083

メニュー表に〝レビュー〟掲載

インターネットのショッピングサイトでは、その商品を購入した人の感想をレビューとして掲載している。このコメントを読んで、購入前の判断材料にしてもらうのだ。コメントを寄せるとポイントが付くので、感想を書く側も得をする、という仕組みもある。

このやり方を、販促に応用しているレストランがある。新メニューを注文してもらったお客に感想を書いてもらい、その感想をメニューブックに掲載しているのだ。

感想を書いてもらったお客には、デザートの無料サービスを行なう。「私もコメントを書きたい」というお客は次々現れ、コメントは定期的に差し替えることで、来店のたびに違うコメントが書かれたメニューブックを読む楽しさもプラスできる。これを始めて、新メニューがより売れるようになったという。

IDEA

ウェブでは、ランキングサイトやクチコミのグルメサイトが花盛りです。積極的に書き込む人も増えているだけに、お店からのお願いで感想を書いてもらうことも、またそれを読んで楽しんでもらうことも、いまのお客は慣れてきているのではないでしょうか。

084

チラシの〝一言〟で誘客

ある居酒屋では、街頭で配るチラシのキャッチコピーにこんなことを書いた。「家に帰ってもなにもないぞ！」。「家より美味しいビール、あるぞ！」と。

大きく手書きで記したキャッチコピーは思わず目を引き、サラリーマン客の「飲みたい」気持ちを盛り上げる。さらに「ビールも料理もお待たせしません！」とも記し、同時にドリンクの提供スピード向上も徹底。新規客の来店につなげている。

IDEA

チラシやDMは、お客の潜在意識を刺激するメッセージにもなります。ある食べ放題の店では「1500円だけ握り締めてこい!」というキャッチコピーを店頭に掲げてインパクトを打ち出しています。

085 〝特別感〟で来店を誘うDM

DMに載せるメッセージは、付加価値の高い内容を工夫したい。例えば、ある居酒屋では、「DM持参のお客様に、料理長が腕によりをかけた冬の新作メニューを無料プレゼント」というDMを配った。

「料理長が〜」という表現や、「冬の新作」という季節感で付加価値を高める。同時に、「DMをお送りしたお客様のみの特別サービスです」という説明書きも加えて〝特別感〟を演出。顧客の心理を上手くついて、効果的に来店を促すことができる。

IDEA

特別感を出すために、DMを封書で送付するやり方もあります。コストは少しかかりますが、顧客管理を徹底し、得意客には封書で出し、内容も充実させる、という使い分けも検討できるでしょう。

086

ツイッター割引のコツ

「ツイッター」というネットの情報交流ツールが広がっている。携帯電話からでも気軽に投稿・閲覧でき、クチコミ効果が期待できることから、ビジネスでの活用が活発になっている。このツイッターでお客とコミュニケーションを図っている店も登場し、「ツイッター繁盛店」といえる店も出てきた。

人気店の手法を見ると、コツはあくまでも、「楽しい、気軽な情報ツール」として参加すること。普段の何気ない話題をツイートし（つぶやき）、時折「そういえば、お店ではこんなことをしていますよ」と情報を流す。

そして店からの話題に乗ってもらったときに、「ありがとうございます。この画面を見せてくれたら特製ポテサラをサービスします」と答えるというやり方だ。「来てください」とストレートには書かないようにしているという。

他にも、「こんな料理をいま、作っている」とつぶやいて、それに答えてくれたときだけサービス券となる文面を送っている。このサービス券の利用率が高まっているという。

IDEA

反面、最近は飲食店店員がツイッターで「有名人が来た」と記し、大問題になりました。簡単に投稿できるが故の怖さもあります。部下のスタッフがツイッターを行なう場合は、最低限の約束事を決めること（中傷しない、プライバシー侵害しない等）も欠かせません。

087

ホームページで情報収集

ホームページにアンケートをのせて、答えてくれた人の中から抽選でディナー券をプレゼントしている店がある。この店では、ホームページを懸賞サイトにも登録し、プレゼント目的でホームページを見る人も集めている。

アンケートで、メールアドレスや誕生日、その人の記念日を教えてもらい、その日に合わせてメールを送る販促に役立てている。

IDEA

お店のホームページで店の商品のネット通販などを行なっている場合は、こうした懸賞の販促はホームページの認知拡大につながり、より効果を発揮しそうです。

088 プロのレシピをメルマガで

あるフランス料理店では、インターネットのメールマガジン（メルマガ）が人気を集めている。その人気の秘密は、メルマガに旬の食材で作る家庭料理のレシピを紹介している点にある。

家庭でも入手しやすい食材を用い、少人数分の分量で作れるようなレシピになっており、プロならではの調理アドバイスも紹介。また、店のフェア等の告知もあわせて行なっている。

食に関心の高いお客は、飲食店ならではの情報発信を重宝する人も多い。店の宣伝がほとんどのメルマガが多い中で、読み応えのある内容にファンがつき、集客に一役買っている。

IDEA

メルマガは、ネット販促の中でも一番お客の目に届くツールといわれる反面、内容が宣伝ばかりだと、驚くほどの離脱率（読者がメルマガを解除する率）を招いてしまいます。例えば仕入れ先の話や、食の豆知識を披露するなど、読ませる内容にすることが欠かせません。

089

「ご近所」限定の〝ご奉仕〟価格

東京のあるレストランでは、近くのマンションなどに住む人たちが入れかわりやすい春先に合わせて、新規客開拓の販促を行なっている。

それは、お店の近隣に住む人限定で、ディナーのコース料理を半額で提供するというもの。その内容を伝えるために「ご近所の皆様だけへのご奉仕」とタイトルを付けたB5サイズのチラシを作成。チラシはパソコンで手作りしてコストを抑え、お店のスタッフが空き時間を利用して周辺のマンションや事務所にポスティングをする。その数は約200枚。予約で注文を受け付ける。

半額という大きな割引だが、「ご近所の皆様だけ」

に限定することでコストを集中させ、「一般のお客様には告示しておりません」というメッセージを添えて、地元住民への特別感をアピールしている。長年地元に住んでいて、一回も店を利用したことがなかった人が来店したり、チラシで初めて店の存在を知るお客もいて、効果的に地域の新規客をつかんでいる。

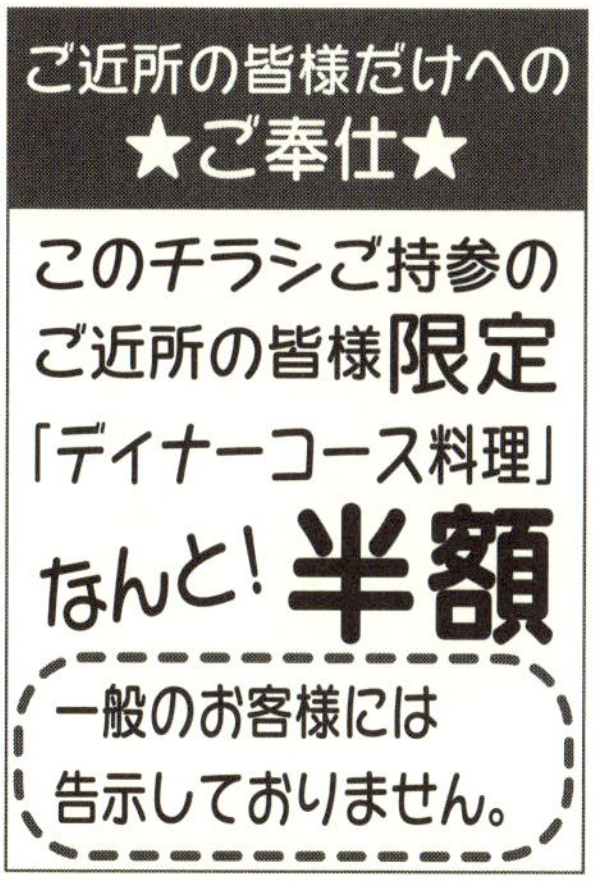
ご近所の皆様だけへの
★ご奉仕★
このチラシご持参の
ご近所の皆様限定
「ディナーコース料理」
なんと！半額
一般のお客様には
告示しておりません。

IDEA

飲食店では新規開業の前に、「プレオープン」と称して地元客を招待することがよく行なわれます。これには「これから近隣の人にお世話になる」という挨拶とともに、開業前から地元のファン客を作る意図があり、地域密着を形に示す販促として注目されています。

090

写真入りの速攻DM！

チラシやメニューブックづくり、ブログの写真掲載にも欠かせなくなっているデジカメを使い、お客様を感激させているお店がある。

そのレストランでは、パーティーや宴会などで来店したお客を撮影。その写真を入れたお礼状をその日に作成し、早ければ翌日には届くようにする、というものだ。

お礼状を見たお客は、その早さと写真入りの内容に感激。お礼状には次回来店した時に利用できる割引クーポンも付けて、予想を大きく上回るリピート利用を獲得している。

IDEA

居酒屋で、お客と名刺交換をし、営業終了後の深夜、もらった名刺全員分のお礼状を手書きする、ということを習慣化しているところがあります。「スピードがお客を感激させる」という信条で続けており、実際にリピーター獲得につながっているといいます。

091

客

層ごとにチラシを作り分けて成功

ある人気店では、宴会プランを記したチラシで「学生用」と「社会人用」の2種類を作成。チラシは、学生用は「学割プラン」、社会人用は「歓送迎会　お得プラン」と大きく目立つように記し、店頭にも両方並べて配置した。

内容も、学生用はコースを一種類に絞って、揚げ物などボリュームのある料理で構成。値段も一番安く設定した。一方の社会人用はコースの種類を豊富にし、料理の種類もクオリティも充実。結果、これまでどちらかというと少なかった学生の利用が増大し、宴会予約全体の底上げにもつながった。

IDEA

居酒屋の宴会プランを記したチラシなどは、一種類しか作らないことがほとんど。しかし、同じ宴会利用のお客でも、利用動機や予算、来店するグループ客の構成は様々です。そこを明確に捉えた宴会プランを提案する発想も求められます。

092

毎月楽しみなＤＭで効果アップ

あるレストランでは、ＤＭで10％の回収率を確保する。その理由は、毎月ＤＭを受け取るお客が楽しめるような内容を工夫した点にある。

ある月はプレゼント付きゲームのお知らせ、またある月は時間帯による割引サービスのお知らせ…といったように月替わりで内容を変えて出すというものだ。さらにある年の夏場は「ビールフェア」を開催。ＤＭにビールの銘柄を当てるクイズを掲載し、来店して当たったお客にはビール一杯無料のサービスを行なって好評を得た。「いつも何かやっている楽しい店」という印象ができ、安定した集客に貢献している。

IDEA

あらかじめ販促の年間スケジュールを立てておけば、こうした毎月の企画もスムーズに立てられます。また、年間スケジュールで組んだ販促を広く告知する方法として、ＤＭやメールなどは大きな効果を発揮することができます。

093

メニューブックがわりに「?」

あるカフェでは席に座ると、スタッフが「こちらがメニューです」と言って小さなかごを持ってくる。お客は「?」と思いつつ、そのかごの蓋を開けるときれいな石が入っており、石には同店で提供するメニューと値段がカラフルなペンで書かれている。お客との会話にもつながる楽しい工夫だ。

IDEA

カフェならではの、お客がほっと和むような工夫です。おすすめメニューは大きな石を使ったり、石ではなく「かるた」を活用してもおもしろそうです。

094

ホームページで「クイズ王決定戦」

あるもんじゃ焼店では、ホームページ上で「クイズ王決定戦」というイベントを打ち出し注目を集めている。

これは、ホームページ上で毎月クイズを出題し、毎月先着7名の正解者に千円の金券をプレゼントするというもの。早く正解した人ほど高いポイントを与えられ、このポイントを合計してその年のクイズ王を決定するのである。実際に来店したことのあるお客が利用することが多く、参加型の販促でお客の関心を上手につなぎ止めている。

IDEA

最近は、携帯電話やモバイルパソコンが普及し、どんな場所、時間でもネットにアクセスできる環境が整っています。先述のツイッターも盛んです。それだけに、こうしたネット限定のイベント販促も、これから様々なアイデアが生まれてきそうです。

095

食材PRのあの手この手

店で使用する食材の情報提供で、ユニークな表示方法を取り入れる店が増えている。

あるダイニングレストランでは、「野菜の履歴書」と名付けた産地表示の一覧を、店内の壁一面に貼り出してこだわり野菜の魅力をアピールしている。また、ある居酒屋では、産直魚貝の産地を、日本地図のイラストを使って紹介し、その魅力を臨場感ある形で表現している。

IDEA

スーパーで、肉や魚のパックに貼られるのと同じバーコードラベルが印刷できるプリンターを購入し、その日のおすすめ品をメニューブックに貼り付け、産地の魅力をアピールする店もあります。

096 チラシ配りの時間帯を変えて効果

街頭でのチラシ配りは、〝配る時間と場所〟が重要になっている。普通は、「店の営業時間中にだけ配る」「店の前だけで配る」というケースが多いが、これを変えてみるのも一つの手だ。

オフィス街に立地するある和食店では、営業時間中ではなく、朝の早い時間に街頭チラシを実施。主力客層のサラリーマン・OLが、会社に出勤する午前8時から午前10時頃を狙った。

同時に、チラシを配る場所も店の前ではなく、駅前の通りに変更。店から徒歩で3

分ほど離れているが、駅前の通りの方が、出勤するサラリーマン・ＯＬが多く通るからである。

同店は、このやり方で街頭チラシの効果をアップ。飲食店が朝にチラシを配るという意外性もあり、会社につくまでの間にチラシの内容を読んでもらえるようになった。これにより、チラシを見てランチで来店するお客や、会社の忘年会で利用する団体客も増えたという。

IDEA

チラシを配る時は、ひと言添えることも大切。単に「お願いします」というだけでなく、「本日飲み放題が1000円です」「割引券つきです」など、得する内容をズバリ伝えながら配るのが、受け取ってもらうコツの一つです。

097 チラシ配りが街の名物に

街頭でのチラシ配りや呼び込みは、受け取ってもらえないことがほとんどで、しかも地味な仕事。だが、やり方次第でこんなめざましい効果をあげることもある。

ローカル立地の駅前にある人気居酒屋は、売上が落ち込んだ際に、店長自らが毎朝、通勤途中のサラリーマンや学生に「クイズ付き」チラシを配り続けた。

クイズの答えは翌日のチラシに書かれ、そのチラシにはまた新しいクイズが書かれている。一応、店のユニフォームを着てはいるが、チラシには店の情報などは一切書いていない。配るときも「今日のクイズでーす」としか言わなかった。さらにチラシを配り終えたら、店前の通りを約50メートルにわたって、掃除を徹底して行なった。

毎日続けているうちに、クイズのチラシをもらっていた人や掃除の様子を見ていた人が、店長に声をかけるようになった。「君はいったい、何者？」「毎日なんでこんなことしているの」と。

そこで初めて「いや、実はそこで居酒屋をやってまして…」と会話が生まれ、会話を交わした人が「面白い店長だ」と興味を持って来店してくれるようになった。続けるうちに、その姿は街のちょっとした名物となり、顔を広く売ることにつながったのだ。結果、2カ月後には、売上30％増を達成したという。

IDEA

「普通のチラシでは、まず受け取ってもらえない」ことを前提に考えたアイデアだそうです。「他でやっていない、人が大喜びすることをやる」「やるからには情熱的に楽しんでやる」、商売成功の原点ともいえる、そんな姿勢の大切さを学ぶことができます。

098

お〝持ち帰り歓迎〟のメニューブック

メニューブックはある程度のコストをかけて作るので、断りもなく持ち帰りされると困る。だが発想を変えれば、メニューブックはそれ自体を強力な販促ツールとして活用することができる。

住宅街のある焼肉店では、こんなメニューブックを作った。ページ数は40ページもあり、1ページに1品、大きな写真入りでメニューを紹介する。これはお店の手作りで、文具用のクリアブックに、パソコンで作成したメニュー表をカラープリントして差し込んだものだ。

これを、この焼肉店では積極的に配る。お客から要望があれば手渡すのはもちろん、例えば、店の外で店内の様子をうかがっている人が見受けられたら、スタッフは店の外まで出て、「よろしければどうぞ」といって手渡す。

そうして持ち帰った人たちは、少なくとも店に興味がありそうな人なので、家に帰ってメニューブックを吟味する。そこに大きな写真入りの充実したメニュー紹介があれば、自然と焼肉を食べたくなり、来店につながるという狙いだ。

クリアブックは100円ショップで購入。チラシやDMの販促は行なわず、メニューブックに費用を集中させている。

IDEA

同じような発想で、メニューブックを雑誌のような仕上がりにして配っている店もあります。メニュー紹介の他、お店のこだわりや仕入れ先の生産者の紹介までコラムのように掲載し、「すごいメニューブック」としてクチコミで評判を生むほど効果を発揮しています。

099

デ

コ♥メニューブック！

ファミリーに大人気のディズニーランド。その人気の秘密は、派手なアトラクションやショーの面白さだけではない。スタッフのユニフォームやディスプレイなどの細部まで、お客をワクワクさせる配慮が行き届いているからだ。

　飲食店でも、そうした細部の配慮でお客を楽しませることができる。例えばメニューブックは工夫のしどころだ。

　東京のあるテーマ型レストランでは、思わず笑みがこぼれる楽しいメニューブックを工夫。メニュー名を囲むように

ハートマークがデザインされており、そのまわりには宝石のような飾りがいっぱい。携帯電話をキラキラの装飾で彩る「デコ電」のようなメルヘンチックなイメージだ。メニューブックでもお客を楽しませようとするホスピタリティが、同店の人気を支えている。

IDEA

メニューブックは、情報ツールであると同時に、お店の装飾・インテリアの一部にもなります。お店の雰囲気にあった材質やデザイン、お洒落な装丁…など、お客が楽しめるアイデアを考えましょう。手作りの装飾でも、いいものは作れるはずです。

100

移動式メニュー黒板を大活用

新作メニューや季節のおすすめ品などは、通常の定番商品のメニューブックとは別に、差し込みのメニュー表や黒板書き、POPなどでアピールする方法がある。これを、さらにインパクトを強める方法はないものだろうか。

そう考えて、郊外立地のあるレストランでは、おすすめの料理を黒板とコルクボードに書き出し、それらをイーゼル（画架）にかけて持ち運びができるようにした。そしてユニークなのは、最初の注文の際に客席までこのイーゼルを運んで行き、ホール

係がお客に料理の解説や味の感想をわかりやすく説明しながら注文をとるようにした点だ。

イーゼルを運ぶ姿は注目を浴び、お客の好奇心を高めることができる。また料理の説明を通じて、料理への期待感も高められる。さらに、お客と身近に接して料理を解説することで、接客の上達にも役立てられる。そのきっかけとして、イーゼルを使ったアピールは有効なのだ。

IDEA

おすすめの接客に消極的なスタッフも、こうしたきっかけがあれば一歩を踏み出すことができます。販促は、それを行なうスタッフが前向きになれる仕組み・環境を作ることも重要なポイントです。

101 空きボトルをメニューリストに

ワインや日本酒、焼酎は、味だけではなく、その材料や産地、製造法…などのうんちくも、楽しむための重要な要素となっている。売る側にもそれだけの知識がないとなかなか売れないと言われてきた。しかし、その度合いが過ぎても堅苦しくなってしまう。

もっと簡単に、しかもそのお酒の魅力をイメージしやすい売り方があれば、お客にも喜ばれるはずだ。

あるビストロでは、あえてワインリストは置かず、空のワインボトルを使って、価格とともに味の特徴などを書き込み、ワイン好きにアピールしている。

実物のボトルを手にして見れば、たとえ文字が読めなくてもラベルの雰囲気などが楽しめ、ワインの特徴がイメージしやすい。簡単な説明書きでも納得してもらいやすい、という利点を活かしたアピール法だ。

ワインだけではなく、日本酒の地酒などでは、ラベルで材料や醸造方法を詳しく説明したものもたくさんある。ボトルを活用した売り方は効果が高いといえる。

IDEA

ドリンクを売る販促として、ディスプレイに凝ることもポイント。ある店では、ハイボールのブームの兆しをいち早く捕らえ、店内に飾っていた焼酎ボトル等をすべてウイスキーボトルやハイボールのPOPに変えて、売上増大に成功したといいます。

102

デジタルフォトフレームをメニュー表に

おすすめの接客で追加注文を獲得するには、メニューブックや黒板といったツールを上手に使うことが効果的だが、新しいツールを活用したこんなユニークな例もある。

おすすめの接客サービスに特に力を入れるある居酒屋では、「デジタルフォトフレーム」を活用したメニュープレゼンを実施。デジタルフォトフレームとはデジカメで撮影した写真を保存し、アルバムのように見ることができるもので、家電のヒット商品となっている。同店では、その新ツールを導入し、6種類のデザートメニューの写真を保存して、お客へのおすすめに活用している。

そのおすすめのやり方は、食事が終わりそうなお客のところにデジタルフォトフレームを持参し、「スライドショーでデザートの写真が流れます」と説明。デジタルフォトフレームでは、デザートの調理シーンや、人気ランキングなども見ることができる。通常の印刷の写真とは異なり、鮮明なクオリティの高い画像が、お客の食欲と興味を強く誘って注文が増加した。

デジタルフォトフレームの導入前と比べて、デザートの注文が1・5倍に増えるという効果をあげている。

IDEA

iPad用の「メニューブック作成アプリ」も出始めています。iPadの画面で、写真のほかにも動画やスタッフ紹介も組み入れられれば、より魅力的な宣伝ツールとして活用が期待できそうです。

メニューサンプル活用術 II

メニューサンプルとともに、POPを掲げ、米俵をディスプレイ。食材のよさを印象づけ、お客の期待感を高められる。

◎ショーウィンドの在り方が「安心感」を左右する！

メニューサンプルを用いる場合に、特に気をつけなければならない点が、メニューサンプルやショーウィンド内の汚れです。

いくら店が料理の素材にこだわり、衛生面に気を配っていても、ショーウィンド内が汚れていれば、店に対する安心感が損なわれてしまい、お客は入店をためらってしまうはず。こまめな清掃を心がけたいところです。

またメニューサンプルの色あせや汚れも同様。「これぐらいなら大丈夫」は、いまの消費者には通用しない事を肝に銘じておくべきです。

しかし逆にショーウィンド内で、素材そのものの魅力や安心感を訴えることができれば、誘客力をアップさせる上で、非常に有効な手段となります。

プライスカードにひと言、商品説明を加えることで売上・注文数も異なってくる。

例えば、おにぎりも売り物にしているうどん店では、サンプルケースの下に小型の米俵を置いて、自店で扱っている米の品質の高さを通行人に上手にアピールしています。食材に対するこだわりや料理に対する思いなどをＰＯＰに書いて、ショーウィンド内に掲示するのも、効果的です。

◎たかがプライスカードと侮るなかれ！

メニューサンプルの役割は、店・料理への安心感や期待感を高めることが第一ですが、中でも非常に大きな役割を担っているのが、プライスカードです。

ある調査では、消費者の85％が、店頭で購買意志決定をしているという結果も出ており、単に品名と価格だけを記載したプライスカードと、商品説明をそえたプライスカードとでは、売上・注文数が大きく異なってきます。

メニューサンプルは、料理内容やおいしさを通行客にダイレクトに伝えられるという効果がある一方で、素材へのこだわりや産地情報といった目に見えない情報までは、なかなか伝えられないものです。

そこで、そういった目に見えない情報や「シェフのおすすめ」といったメッセージを、プライスカードに添える事で、店・料理への安心感や期待感を更に高める事ができるのです。ただし、すべての料理に商品説明をつけてしまうと、プライスカード自体が読みづらい印象を与えてしまうので、おすすめ料理やお値打ち感のある料理など数点に絞ってつけるようにしましょう。

VIVE
LANCE
CAFE

6章

ここが狙い目、
メニュー販促

103

「唐揚げ1個売り」で人気

いまのお客は、価格そのものに加え、価格とポーションに対するコストパフォーマンスへの関心が非常に高い。ちょっと前には牛丼の〝メガ盛り〟が話題となったが、メガサイズとは逆のミニサイズという発想も威力を発揮しうる。

ある居酒屋では、「唐揚げ1個売り」で人気を集めている。唐揚げを1個49円で提供するというもので、6個注文しても294円と割安感はあるのだが、あえて1個売りにすることでインパクトを高めている。

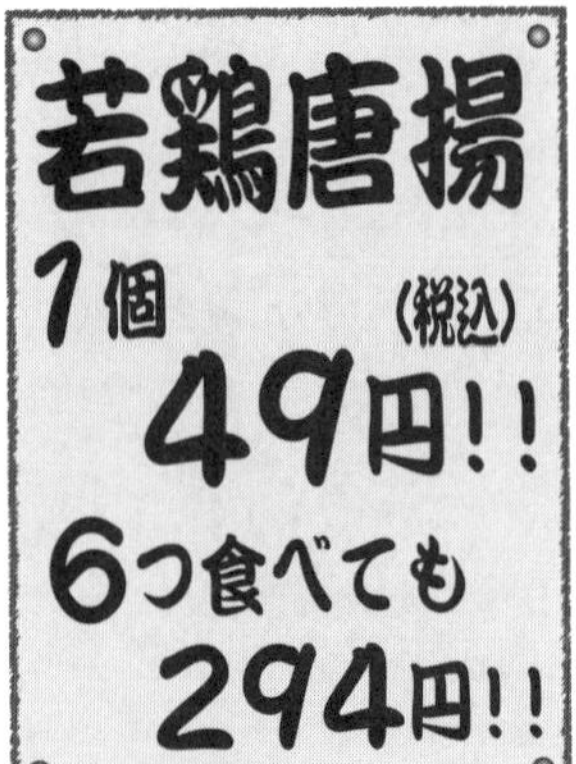

1個でも注文可能という気軽さがあると、あまり量を食べられないお客でも食欲に応じた数を注文できる。通常のように複数個を盛ったメニューでは、食べたくても敬遠して注文しなかったお客からも注文の機会が増え、結果として客単価のアップにもつながるという。

IDEA

ポーションを変える売り方は、いまあるメニューを利用して、費用もかけずにすぐにできることがメリット。「ワイン1cc○円」といった“量り売り”販売も同様の発想です。どのメニューのポーションを変えると喜ばれるか、よく検討して取り組みたいところです。

104

食べ放題＋「食べるラー油」

ある鶏料理店では、焼とりの食べ放題コースを実施している。

そのコースの客単価アップのため、コース料金に500円プラスで「食べるラー油フォンデュ」を付けられるようにしたところ、この食べるラー油フォンデュのコースを注文する人が3割以上に増えて狙い通りの結果を得られた。

テレビ等でも「食べるラー油」が話題になったので、これと焼とりを組み合わせられないかと考えたもの。チーズフォンデュ用鍋に食べるラー油を入れ、それを温めながら、焼とりをからめて食べる。新しい食べ方だと、評判がいい。

IDEA

そば店でも、つけ汁のアクセントに食べるラー油を添える店があります。メニュートレンドを積極的に取り入れ、オリジナルの魅力を加えて提供することで注文を伸ばすことができる、という好例です。

105 「すごい大盛り！」で差別化

「大盛り」を他店より明確に多くして人気のうどん店がある。大盛りは150円増し。通常、大盛りは麺を1・5倍にする店が多いが、この店では2・5倍にする。

「あの店の大盛りはすごいよ」というクチコミが広がって男性客が増え、大盛りの注文が増えてランチタイムの客単価が上がった。また、ランチの男性客が増えたことで、夜の居酒屋利用の来客数も増えたという。

IDEA

小手先のメニュー改善よりも、「ボリューム」「シズル感」を徹底的に強めたほうが、お客の本能的な満足感をとらえる場合があります。「外食して満腹になりたい」という、お客の本質的な満足感を見落としている店は意外と多いものです。

106

毎日1品だけ激安サービス

景気低迷の中にあって、低価格の飲食店が増えている。だが、既存の店が、安易にすべてのメニューを値下げしてしまっては店の利益を圧迫してしまう。上手な方法で、安さを印象づけるサービスを考えたい。

そのやり方の一つとして、「本日の特価サービス品」といった売り文句で、毎日1品だけ激安価格のメニューを用意する方法がある。

例えば、ある居酒屋では、「本日の目玉商品」という名前で、100円で提供するつまみ料理を、日替わりで毎日1品だけ用意

している。1品だけだが、それを店頭の黒板に大きく掲示することで新規客を呼び込むきっかけにし、内容を日替わりにすることで常連客にも好評だ。

また、あるうどん店では、「本日の特価サービス天ぷら」として、ナスやカボチャなどの野菜の天ぷらを、毎日1種類、50円のサービス価格で提供。うどんのトッピングとして追加注文するお客のみの限定の売り方だが、多くのお客が注文する評判メニューになっている。

IDEA

安さを印象づけるには、用意する商品の価値やクオリティも大事。安くても、商品が魅力がなければ、逆にお客の再来店は望めなくなりますので注意しましょう。

107

「え、3つも!?」と女性が大感激

あるレストランでは、「よくばりケーキセット」というメニューが評判だ。

同店は、手作りケーキを常時8～10種類用意し、「よくばりケーキセット」を注文したお客は、その中から好みで2種類を選べる。セットで注文すると単品よりお得で、2種類のケーキを楽しめるとあって、お客がワクワク待っていると、さらなるサプライズが用意されている。

盛り合わせの皿には、2種類のはずが3種類のケーキが。もう1種類のケーキは店からのサービスであると伝えると、女性客は大感激！　同店の強い集客メニューになっている。

IDEA

焼肉店の「ホルモン6種盛り合わせ」で、実際は7品盛りつけたり、すし店で「ちょっと嬉しいマグロ握り」と称して、マグロずしにぶつ切りのマグロ刺身を添えたり…サプライズのおまけサービスは、いろいろな店で実践されています。

108

お試し焼肉が大好評

ある焼肉店では、「2切れオーダー」という売り方が人気を集めている。上タンが2切れで550円、特上カルビが2切れで800円…という売り方だ。

値段が高い部位だけれど、ちょっと食べたい、食べたことがない部位なので味見してみたい。1人前は多すぎるけれど、あと少しだけ食べたい、2人で食べるのだけれど、いろいろな部位を食べたいという注文動機をつかんだ。

はじめは、カウンター席に座る2人づれのお客限定だったが、好評なのでテーブル席でもこの「2切れオーダー」をできるようにした。

IDEA

生鮮品や高級食材は、在庫ロスとなると原価的なダメージも大きくなります。そうしたリスクを回避する上でも効果的なメニュー販促です。

109

お得感が明確なセット

セットメニューにすると値段がお得になることは、ほとんどのお客が知っている。だが、「たった30円の得か」「このおかずは付かなくていいのに」などと思われたら、かえってセットにするアピール力は弱い。

そこで、あるレストランでは、前菜を一品５００円で20種類ほどそろえ、その中から３品選んだら１２００円、５品選んだら１８００円という売り方をして好評だ。

セットがお得！！！
20種類の前菜からお好きなものをチョイス！
前菜1品500円
少人数向け！
1,200円セット
300円お得☆
お好きな前菜3品
ご家族向け！
1,800円セット
700円お得☆
お好きな前菜5品

セットだと単品の値段より得するだけでなく、自分の好きなものを選べることが楽しい。店にとってもセット注文が増えてロスが減ったのと、料理をシェアしようとする4～5人のグループ客が増えたという。

選ぶときに、スタッフが料理の説明をする場面も増えて、お客とのコミュニケーションもよりとれるようにもなった。

IDEA

ランチセットでは、とんかつや刺身などの「主菜のおかず2品」が選べるセットや、「小丼が3品選べる」セットというのも、よく見かけます。品揃えの豪華さでお得感をアピールするのがポイントです。

110

お子様ランチを船盛りに

ある居酒屋では、土曜・日曜日の家族客を狙ったランチを売って評判を高めた。とくに人気獲得のカギになっているのが、お子様ランチだ。

ファミリーレストランのお子様ランチとの差別化を図るため、おもちゃのおまけは付けず、キャラクターの器もやめて、〝船盛り〟で出すようにした。刺身を盛る船に、エビフライ、玉子焼き、唐揚げ、ジュースなどを盛りつけた。子供が喜ぶだけでなく、大人にも受けて、売れ数が伸びている。

IDEA

お客は「他と同じような料理なら、別にこの店でなくてもよい」と考えます。同じものならもっと安い店に行くかもしれません。そうしたメニューの同質化は、器づかいや盛り付けをアレンジするだけでも避けることができるはずです。

111 「おひとり様」の刺身盛りが好評

「おひとり様」という経済用語がある。ひとり旅、ひとりご飯…と、ひとりでの生活を積極的に楽しむ独身者の経済行動をさす言葉だ。

ある居酒屋では、そんなひとり客用に刺身の盛り合わせを開発して好評だ。

従来、一人で来たお客は、刺身は単品でしか注文できなかった。盛り合わせでは量が多すぎるからだ。それを、4種類の刺身をひと切れずつ盛った「お一人様刺身盛り合わせ」というメニューを作ったのだ。お客からの要望がヒントになったといい、この一品で、カウンター席に座るひとり客の客単価がアップしたという。

IDEA

ひとり客に限らず、お客の人数に応じて料理のボリュームや個数を変更してあげる…そうした機転は、チェーン店ではなかなかできません。個人店や中小店ならでは魅力としてもっと取り入れたいところです。

112 すぐ出せる料理をディスプレイ

お通し（突き出し）を廃止する店が、以前よりも多く見られるようになった。単純に「お通し」を取らないだけだと、お客に支払い時に大きな割安感を与えて喜ばれるが、店側にとっては客単価が下がってしまい経営的にマイナスだ。

　そこで、双方が満足のいく手法を考えたのが、都内のある居酒屋だ。

　この店では「お通し」を出さない代わりに、すぐに出せる料理をカウンターの大皿でアピールする。１品３５０円の「お通し」価格から、６５０円の値づけの料理

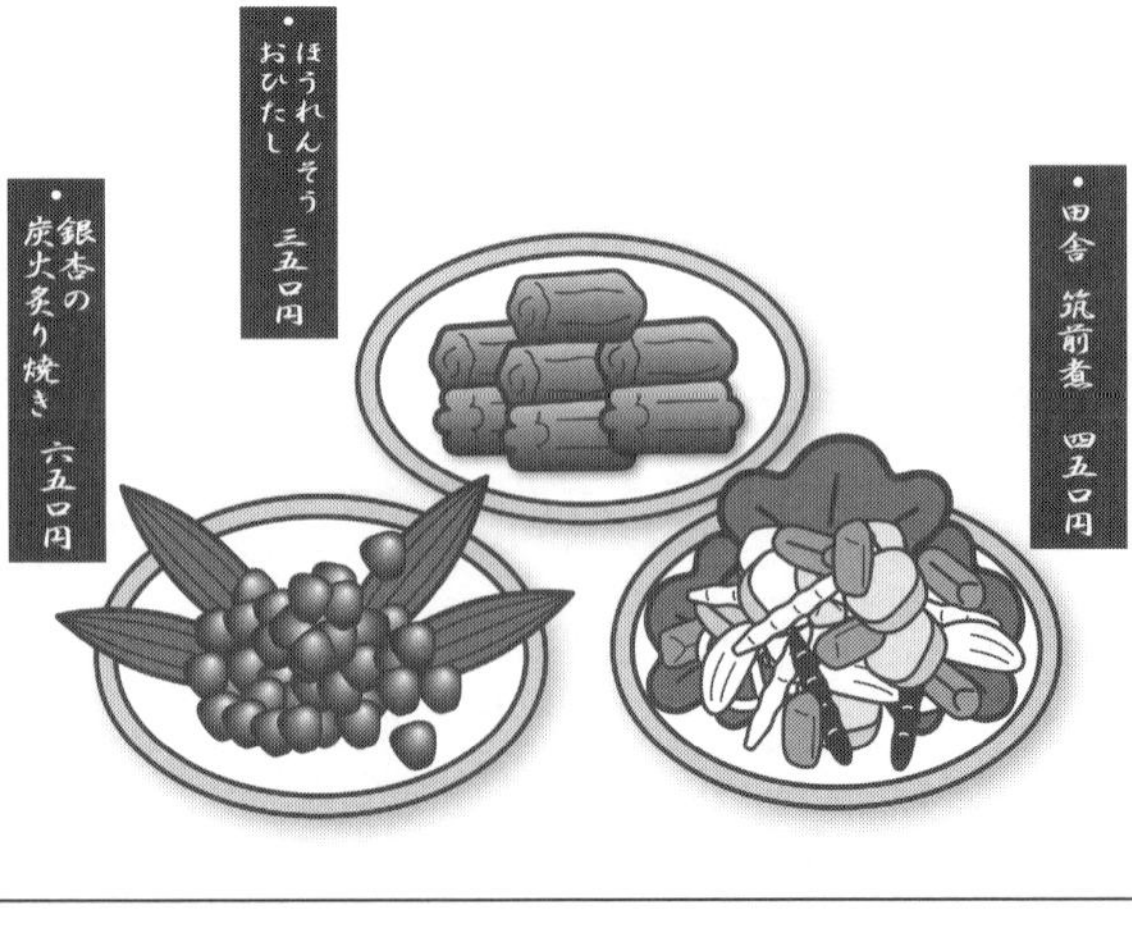

・田舎 筑前煮 四五〇円
・ほうれんそう おひたし 三五〇円
・銀杏の 炭火炙り焼き 六五〇円

も用意。「お通し」は無い代わりに、大皿の料理ならすぐに出せることを説明して注文を促しており、ほとんどのお客が注文するという。

「お通し」がお客にとって不満な点は、料理内容や値段をお客が選べないということも大きい。だがこの店のように、お客が自分の好みで選べるなら、実質的には「お通し」でも、そうとは思わず不満も残らない。

「お通し」の提案方法を上手に考えれば、利益は確保しながらも、お客に好印象を与えて、集客上、有利に展開できることにもなる。

IDEA

お通しが嫌われる原因の一つは、料理がありきたりだったりお値打ち感がなかったりする点。料理内容はもちろん、低原価でボリュームをつけたり、種類を選べるようにするなどの工夫が、これまで以上に求められてきています。

113

「あと一品」に人気の野菜炒め

ある居酒屋では、野菜炒めが人気だ。人気の理由はボリュームと価格にある。

もやし、キャベツが中心で、原価が安いので山盛りで提供し、1品400円に。値段だけでも安く感じさせ、さらに目で見て「安い！」と実感してもらうことを意識した。野菜炒めなら女性客も注文しやすいし、酒のつまみにもなるので「あと一品」の追加を促すメニューにしたという。

客層はサラリーマンが多いので、店内の貼り紙には「野菜不足を補おう！」とも出した。2組に1組が注文しているという。

IDEA

お店のメニューには役割があります。主力商品、原価をかけた目玉商品、利益を上げる商品などなど。その役割を意識した上でメニュー販促を仕掛けることが大切です。

114 デザートをリクエストで創作！

ある人気ダイニングバーでは、こんなクリスマスフェアを行なった。毎年実施して好評だというその販促は、2名以上でコースメニューを注文したお客は、お店にリクエストしてデザートを創作してもらえる、というもの。

創作は7種類近くのデザートや、10種類以上のトッピングをあらかじめ用意しておき、それを要望に合わせて組み合わせて作る。お客の名前やメッセージをデコレーションするなどしてオリジナリティを高め、人気を集めている。

IDEA

いまケーキ店では、オーダーメイドのバースデーケーキが人気です。子供が描いたイラストと同じケーキを作ったりする店もあります。また最近は、ケーキに写真やイラストをプリントすることもできます。サプライズを演出する方法はたくさんありそうです。

115

“ワンテーブル”の貸切価格でコース提供

　コースや宴会料理は、たいていが「1人前でいくら」という価格設定をする。だが、お客の心理を考えれば、もっと柔軟な売り方を工夫してもいい。ビジネス街にある中華料理店では、小グループ向けのコースの売り方を工夫。それは「ワンテーブル貸切で、料理がこれだけ付いて、この価格！」というお値打ち感を強くアピールする売り方だ。

　同店が提供するのは、「ワンテーブル5500円」（料理6品＋デザート）と、「ワンテーブル9800円」（料理9品）のコース。5500円は3名まで、9800円は5名ま

での利用としているが、実際にはそれ以上の人数でも柔軟に対応する。特に5500円のコースは3～4人で来店するグループ客に人気だ。

店側にとって、コースの予約が入るとその日の売上が確保しやすい。一方、小グループ客の場合、コースで注文するより、自分たちの好きなものを自由に注文したいという心理もある。だから「テーブルだけ予約したい」という小グループ客も多い。

その点、この売り方なら1人当たり料理2品ほどの負担で「ワンテーブル貸切」ができるためお客は納得でき、腹具合と懐具合に合わせて追加注文もしやすい。

IDEA

法人の接待、宴会需要が減り、仲間内の飲み会やプライベートな利用を、もっと獲得したいという店は増えています。その点では、「自腹だから安く済ませたい。でもせっかく集まるのだから楽しくないとイヤだ」という個人利用のお客心理を捉えることが大切です。

116

歓

声が上がる〝逆さパフェ〟

東京のあるカフェでは「パフェ」を逆さにするという発想から生まれたデザートが人気だ。

このデザートは、大きなパフェグラスにデザートを盛り付け、それを逆さにして皿の上に置き、客席に運んだらスタッフがパフェのグラスをさっとはずす。すると、中身だけが立った状態で皿の上に残る、というものだ。中身が崩れないように、あらかじめ砕いたパイでまわりを固める工夫もしている。

この遊び心のあるデザートが盛り上げ役になって、お客同士が盛り上がったり、スタッフが会話するきっかけづくりにもなっている。

IDEA

花火をつけて提供するパフェ、銅鑼を鳴らしながら客席へ運ぶデザート…など、昔からメニューの演出はいろいろありますが、お店の名物として定着しているものもたくさんあります。

117 喜ばれた弁当の「おまけ」

テイクアウトの弁当のおかずは、作り置きができる揚げ物や、まとめて調理できる炒め物が便利だが、油ものを食べれば、口の中をさっぱりさせたい心理が働く。

ここに着目し、持ち帰り弁当にタイムサービスで歯ブラシを付けた店がある。歯ブラシはホテル用品を扱う会社から1000本2万7000円で購入。1本27円の販促費となる。店はビジネス街に立地しているので、OL・サラリーマンに好評だ。

IDEA

中食市場の拡大により、オフィス街のランチは、コンビニ弁当がライバルになっています。テイクアウトで飲食店ならではのおいしさを打ち出す一方、こうしたちょっとした気遣いが、ライバルとの差別化につながります。

118

魅力ある〝オプション〟で客単価アップ

外食でも、お客が節約志向を強める中にあっては、客単価アップを図ることはなかなか難しい。既存のメニューの値上げや高単価商品の投入も考えられるが、よほど商品に魅力がないと客離れを招いてしまいかねない。そこで、注目したいのが、追加注文を引き出す商品の導入だ。

窯焼きピッツァが評判のあるイタリア料理店では、グループで来店するお客からケーキの問い合わせが多いことに着目。同店は、ティラミスなど自家製のデザートを用意しているが、誕生日やちょっとしたパーティー利用のグループ客から「おいしいケーキをホールで出して欲しい」との要望が多数あった。そこで、同じ地域にある人気ケーキ店に依頼し、オプションでパーティー用のホールケーキも用意できる態勢を整え、それを店頭やホームページで告知して予約限定で提供。小サイズと通常サイズが選べるのも好評で、数多くの予約が入るという。

また、同店ではスライスしたての生ハムをのせた「生ハムピッツァ」が一番人気。「生ハムサラダ」もよく売れる。そこで、生ハムピッツァや生ハムサラダを注文した場合、プラス200円で生ハムを増量するオプションを開始。客単価上昇につなげている。

お誕生日や
パーティーに
○○店のケーキで
お祝いしませんか？
小サイズと普通サイズが選べます
事前にご予約ください！

IDEA

他にも、ある焼肉店では、「焼肉のおとも　創作薬味シリーズ」というオプション商品を提供しています。全8種類で、塩ダレやポン酢で味つけした刻みネギ、黄身おろしなどを、120円～180円の価格帯で販売し、気軽な注文を誘っています。

119

プラス「塩」の持ち帰り

揚げ物をソースや醤油で食べるのではなく、塩で味わう食べ方が広く知られるようになってきた。

ここに注目し、持ち帰りの弁当に塩を付けて差別化した店がある。差別化を強調するために塩は天然塩を使用。沖縄の塩や瀬戸の塩などをつける。「今日は沖縄の塩をお付けしました。天ぷらにかけて味わってみてください」と、ひと声かけることで、食べる前の期待感も高めた。

IDEA

料理の脇役も、ちょっとした魅力があると嬉しいものです。焼肉店で、タレが5種類もある、うどんに入れる七味唐辛子が最近流行の「生」タイプ…などなど、広くアンテナをはって、取り入れていきたいところです。

120

好評の持ち帰り用炒飯

ちょっとした工夫で持ち帰り用の炒飯の売上を伸ばした店がある。

その工夫とは、炒める油をサラダ油からオリーブ油に変えたこと。オリーブ油だと、冷めても食べた後に胃が重くならない。原価は10円上がったが、半年で売れ数は3割伸びたという。

また、炒飯にあんかけを付けて評判の店もある。あんかけをかけることで、持ち帰ってもアツアツの炒飯が味わえるのが評判を呼んでいる。

IDEA

テイクアウト商品は、持ち帰って食べることを想定した調理の工夫が大切です。冷たい料理なら、夏場は保冷剤を入れる、といったアイデアもあります。

121 「花粉症をぶっとばせ」フェアが話題に

多くの飲食店では、季節ごとのメニューフェアや、忘年会、クリスマスなどのイベントごとのメニュー企画を立てている。あの手この手で様々なフェアを企画する飲食店が増えている中、いかに現代のお客の興味をそそるテーマを打ち出せるかが、ますます大切になってきた。

そうした中、都内のあるカフェダイニングでは、月替わりのメニューフェアを実施。食事による体質改善など、「食と健康」に関連する情報や、食のトレンドに敏感な現代のお客の心をくすぐるテーマをメニュー

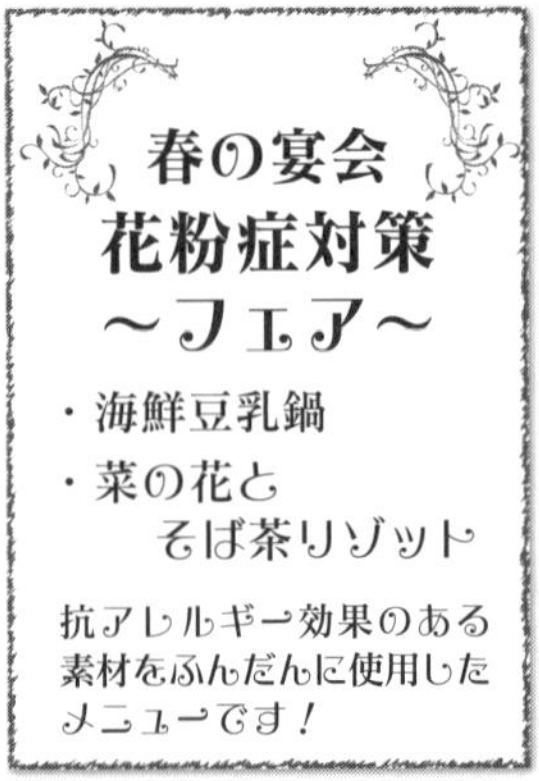
春の宴会
花粉症対策
～フェア～
・海鮮豆乳鍋
・菜の花と
そば茶リゾット
抗アレルギー効果のある
素材をふんだんに使用した
メニューです！

フェアで打ち出して、注文増に成功している。

例えば、春先には「花粉症をぶっとばせフェア」を企画した。花粉症の緩和に効果があるといわれている食材などを使ったメニューのフェアで、そのテーマの目新しさが話題となった。

他の月には「沖縄フェア」や「おつまみ系&ごはんフェア」なども実施した。フェアのテーマは、食のトレンドや、自店のメニューの売れ行きなどから発想する。また、フェアのテーマを決める際には、スタッフみんなの知恵を出し合うことで、連帯感やモチベーションの向上にもつなげている。

IDEA

複数店舗展開しているある居酒屋では、「料理対決」として、各店のスタッフ考案の新メニューを全店で提供し、一番よかったメニューに投票してもらう、というフェアを行なったところもあります。そうした自店の強みを生かしたフェアを考えたいところです。

122 秋の試食サービスで忘年会を獲得

忘年会など、繁忙期の宴会を獲得するには、その2～3ヵ月前からの準備が大切。料理の準備だけではなく、早い時期から電話営業やポスティングに励む店は多いが、他にも効果的なやり方を検討したい。

例えば、ある居酒屋では、宴会獲得につなげる試食サービスを実施。10～11月になると、週に2～3回行なう。宴会で提供している料理を試食用に作って小分けし、「宴会のコースで出している料理の試食サービスです。おいしいので、ぜひ、お試しください」と説明して来店客にふるまう。

この試食サービスは、無料のサプライズが喜ばれるので、スタッフがお客とコミュニケーションを図りやすい。それが店のファン獲得に一役買い、会話の中で「ぜひ、宴会でもご利用ください」という接客トークを行なうことで、年末の宴会獲得につなげている。

また、あるイタリア料理店では、2種類のグラスワインを飲み比べできるお得なセットを用意。同時に、これを宴会利用にもつなげる。飲み比べセットを注文したお客に、「どちらがお好みでしたか？」といった会話をきっかけにコミュニケーションをとり、会話が弾んできたら、「宴会のときは、このワインを2000円の飲み放題で楽しめます。ぜひ機会がありましたら…」という接客トークをさりげなく盛り込むのだ。

よかったら
ぜひお試し
下さい

IDEA

無料サービスとはいえ、接客トークで、宴会案内の押し付けばかりにならないように配慮しましょう。あくまで試食なので「味はどうですか？おいしい？よかった！」「お好きな料理とかありますか？」といった会話を挟んで、自然な形で印象づけたいところです。

123

お客を楽しませて、お店も助かる

お客が自分でつくるセルフクッキングメニューは、お客に自分好みの料理に仕上げる楽しさを提供し、同時に店の効率化を図れるメリットがある。例えば、食べ放題の店で、ソフトクリームをお客自身に作ってもらう…等。この発想を広げれば、他にも様々なメニューで〝お客が自分でつくる〟楽しさを提案できる。

例えば、1人用の小鍋で鍋料理を提供するある店では、鍋のタレもお客が自分で作る。

「ポン酢」と「ゴマダレ」の基本のタレ2種類に、調味料や調味オイル、薬味などを好み

で混ぜ合わせるのだが、その種類は約30種類。慣れないお客が戸惑わないよう、タレと調味料、薬味などを混ぜ合わせる際の目安になるレシピ表も用意している。必要があればスタッフがタレづくりのアドバイスも行なうなど、お客へのサポートをしっかり留意している点も、評判のポイントだ。

こうした、お客自身に調理してもらう売り方は、お客へのサポートなど注意点もあるが、上手く導入すればスタッフの負担を減らすことにもつながる。

IDEA

鳥料理が評判の居酒屋では、焼とりを注文したお客のテーブルに炭火の七輪を運び、お客が自分で焼くスタイルを導入しています。調味料や具を加えたツナ缶を缶のまま七輪で焼く、遊び心のあるメニューも好評のようです。

124

ア

イドルタイム限定のランチ

ランチ営業後から夜の営業開始までの時間などをアイドルタイムと呼ぶが、このアイドルタイムという呼び方は、店が暇になるという、店側の視点での呼び方である場合が多い。こうしたマイナスイメージにとらわれたら発想が貧弱になる。お客視点でみれば、アイドルタイムは慌しくなく、他のお客に気兼ねなくくつろげる時間だ。このプラス面を強調したメニュー販促も工夫できる。

例えば、東京・銀座のある和食店では、昼の一番忙しい時間帯の後、14時～17時にだけ売る限定ランチが人気を博している。

そのメニューは「大皿盛り込み会席」と銘打ち、大皿に前菜や焼き物、揚げ物など15品も盛られた内容。通常のランチメニューより高い価格設定であるにも関わらず、「ハレの食事」を演出する内容と、くつろげる時間帯での提供で、銀座で買い物や観劇の後に立ち寄るお客から注文を集めている。

14：00~17：00
大皿会席
限定
ランチ
ちょっぴり
豪華で
お得な
メニュー

IDEA

スターバックスコーヒーなど、セルフ方式のカフェではアイドルタイムにコーヒーの試飲サービスを行なうところもあります。手の空いた時間にメニューの宣伝を行なうだけでなく、貴重な接客チャンスととらえて、お客とのコミュニケーションを図るわけです。

125

豆腐でハッピーバースデー

お客の誕生日や記念日には、できれば素敵なケーキやデザートでもてなしたいもの。でも、お店には高度な技術を凝らしたスイーツを提供する余裕はない…そんな店も少なくないが、もてなす気持ちは、何もケーキやデザートではなくても伝えられる。

例えば、都内にある豆腐料理の店では、豆腐とヘルシー食材を使ってケーキそっくりの見た目に仕上げるメニューを開発した。バースデーパーティーなどの利用を見込んで開発したもので、予約を受けて用意する。

その提供法も、お客にサプライズを与えら

れるように工夫。皿盛りにした〝豆腐ケーキ〟を箱に入れ、リボンをかけて客席に運ぶ。それを開けると中からきれいにデコレーションされたケーキ型の豆腐が登場。皿に敷いたソースでハートマークも描く。店の売り物商品を使うことで手間を減らす一方、演出を凝らすことでお客に喜ばれたという。

IDEA

あるハンバーガー店では、クリスマスやバレンタインデー用のサプライズメニューとして、ハート型にくり抜いたパンでハンバーガーを作って提供。2人で取り分けて食べてお腹一杯になるボリュームで、カップル客から大好評を得たそうです。

126

「得する」お通し

ある居酒屋では、「お通しの回数券」を売り出して評判だ。

この店は通常、お通しは1人200円。回数券は13枚つづりで2000円で、回数券だと3回分の得だ。さらに、回数券を使う人だけが注文できる「お通しメニュー表」を用意。これは10品ほどを常時用意しており、グランドメニューにはない常備菜を10品揃える。回数券を買うと、お通しを選べる魅力もプラスしたのだ。

特に女性客から評判で、回数券を共同で買って分け合う人も多く、1日に5～10セットの回数券が売れる日もあるという。

IDEA

お客の再来店を促すメニュー販促としても巧みです。ただ、お通しの内容に目新しさがないと、逆にお客が敬遠する要因にもなります。回数券を買いたくなるような魅力や利便性を上手に伝えることが欠かせません。

127 料理を見せて、選ばせる

ある和食店では、プリフィクス・スタイルのコースを提供。お客様に料理を選んでもらう中で、前菜料理に関しては、トレイに料理を並べてスタッフが席まで運び、お客は席に着いたまま、料理を見ながら選べるようにしている。

ただ選ばせるだけではなく、お客が客席で料理を見ながら選ぶというシーンを作っているのがこの販促のポイント。実際に料理を見せながらのおすすめはシズル感と物珍しさが重なり、おすすめの接客もしやすくなる。お客に「料理に力を入れている」という好印象を持たせることもできる販促だ。

IDEA

他にも、お通しを複数作って選んでもらったり、デザートに力を入れている店なら、食後のデザートを、実際見せて選ばせることも可能です。

128

「ケーキひとすくい10円」で大効果

ランチやディナーの営業開始直後に、すぐさま満席になるというのはごく一部の繁盛店。居酒屋などでは、17時～18時あたりはすいていて、19時にいきなり混雑することもある。かといって、19時から営業を始めたら、「この店は遅くに開く店」という印象がつくので、なかなか変更しづらいものだ。

こうした営業開始直後の集客しづらい時間帯は、何かインパクトのある工夫でアピールすることも必要だ。

その点、あるダイニングレストランでは以前、夜19時までに来店し、ワンドリンク・ワンフードを注文したお客を対象に、「ケーキひとすくい10円」という販促を実施。19時を前に待ち客が出るほどの成果を上げた。

これは、直径40㎝の大皿に盛ったケーキから、ケーキサーバーでひとすくいしてもらうもので、お客は少しでも多く取ろうと躍起になる。この楽しさと10円という安さからクチコミで評判が広がった。

IDEA

17時〜19時限定で、定食メニューを売る居酒屋もあります。遅いランチとして立ち寄る人や、残業のための腹ごしらえに来店するサラリーマンもいて、ニーズの掘り起こしに成功しています。

メニューサンプル活用術Ⅲ

◎「置く場所」も重要ポイント！

メニューサンプルを用いる場合には、何を置くかということがもちろん大切ですが、「どの料理をどの場所に置くか」ということも非常に重要です。

ショーウィンド内には、必ず通行客の印象に残りやすい場所（ホットポイント）があります。そこに店のアピールしたい料理のメニューサンプルを置くことで、その料理のオーダー率を高めたり、集客力を高めたりすることも可能になるはずです。

例えば、ある店では、お値打ち感のある料理のメニューサンプルをホットポイントに置き換えたところ、その料理の注文数が倍になったばかりか、客数が10％も増えたといいます。またある店では、ホットポイントに置く料理を、こまめに入れ替える事で、「常に変化のある店」という印象を与える事に成功しています。

ホットポイントは、ショーウィンドの形状や通行の流れなどにより様々なので、まずは、自分のお店のショーウインドのどこがホットポイントなのか検証しましょう。ショーウィンド内のメニューサンプルを置く場所を変えるだけで、売上に直接影響してくるだけに、ぜひ活用したいところです。

◎店のイメージを強化する小物も有効

ショーウィンドでは、料理をアピールするのと同時に、店のイメージや季節感を演出する小物を置くことで、注目度や印象度を高められます。

例えば、ある焼とり店では、入口横のショーウィンドに復刻版のビールや駄菓子、ひと昔前のたばこの箱などを陳列。レトロなイメージを演出し、大衆的で入りやすい店という印象を打ち出しています。

これらの品々は店で販売しているわけではありませんが、見た人に懐かしいイメージや話題性を与え、店への親しみやすさを抱かせることで、集客に結びつけるのが狙いなのです。

ただし小物を置く場合、気をつけなければならないことは、「さみしいから置く」のではないということです。あくまでも、店の魅力をわかりやすく伝えるための小物であり、お客により強く「このお店に入ってみたい」「この料理を食べてみたい」と思ってもらうための小物なのです。

店のイメージと全く合っていない、店主の趣味の小物などを飾っている店をたまに見かけます。店のイメージに合っていない小物があることで、かえって通行客に不安感を抱かせてしまうので、注意しましょう。

7章

アルコール・ドリンクの販促術

129

コーヒーの持ち帰りに特典

あるレストランでは、ランチのセットでつけているコーヒーを、フタ付きの紙カップで提供。店で飲む時間がないお客はそのままテイクアウトできるように配慮した。

店にとっても、テイクアウトしてもらったほうが客席の回転率がよくなる。そこで、コーヒーをテイクアウトしてくれるお客には、ホットならホイップクリームを、アイスコーヒーならアイスクリームを浮かべるサービスを実施。フタ付きカップなので、そのままオフィスに帰って、自分の席でひと目を気にせず楽しめると、持ち帰るお客が増えたという。

IDEA

韓国の飲食店では、コーヒーのディスペンサーを店の入口付近に設置し、食事・会計後のお客に無料で飲んでもらうというサービスが広く普及しています。これも、付加価値あるサービスであるのと同時に、席効率を高めるための工夫といえます。

130 楽しい「ヤカン焼酎」販売

焼酎の売るサイズを工夫して人気を呼んでいる店がある。ワインでは、デカンタに入れる提供法が一般的にあるが、この店では土瓶とヤカンを活用した。土瓶焼酎は２００ml、ヤカン焼酎は５００ml。グラスで注文するより土瓶焼酎は１杯分お得で、ヤカン焼酎だと３杯分得する値段設定にした。ボトルでは多過ぎるというお客や、もう少し追加したいというお客に好評だ。

「ヤカン焼酎お待ちどうさまでした」と元気よく提供するようにして、ヤカンの中は焼酎であることをそのつどアピールし、お客に知ってもらうようにしたという。

IDEA

ヤカン酒は、レトロな雰囲気、大衆的な雰囲気が売り物の居酒屋で、イメージづくりに活用されているケースも増えています。店舗やお酒のイメージに合った酒器や入れ物を活用するのも注文獲得のポイントです。

131

お酒のドリンクバーが好評

宴会メニューとセットの飲み放題サービスは、宴会客を獲得する上で欠かせないサービスのひとつ。そうした中で、あるダイニングバーでは、売上・集客アップの販促として、お客が自分で作れて楽しめる、「お酒のドリンクバー」を飲み放題で提供している。

ドリンクバーのお酒は、ビール、カクテルリキュール、日本酒、焼酎、梅酒、杏露酒、ワインなど、約30種類もある。お客は一人2時間

１５００円で、お通しと料理一品を注文するとこのドリンクバーを利用できる。宴会客でなくとも気軽に利用できる点も好評だ。

ドリンクバーのスペースには、グラスやリキュールのボトル、ビールサーバーを配置。さらに、おすすめのカクテルの作り方をＰＯＰで紹介。また、ドリンクバーとスタッフがお酒を作るスペースが対面で隣接しており、スタッフがお客にお酒の作り方をアドバイスできる点も非常に喜ばれている。

IDEA

この販促をスタッフの“省力化”だけを目的に行なうと、ドリンクバーのスペースが汚れたり、店の雰囲気が荒れる危険性もあります。あくまでお客が自分で作る楽しさを提供し、スタッフがサポートしてお客とコミュニケーションをとることが大切です。

132

ランチのコーヒーに「絵ごころ」

あるレストランでは、お値打ち感のあるランチセットが人気。その人気に一役買っているのが、セットにつくコーヒーの工夫だ。

同店では、ランチセットのコーヒーの一つとして提供する「カプチーノ」にココアパウダーで模様を描いて提供。ハートや星の形の抜き型をカプチーノの上においてココアパウダーをふりかければ簡単にできる。

特に女性のお客から楽しい気分になれると評判を得ている。

IDEA

最近のカフェでは、カフェラテの表面に絵や模様を描く「ラテアート」が人気。その理由は何気ないドリンク商品に、思わぬ可愛らしさや楽しさを演出するところにあります。現代は、こんな思わぬサービスがより喜ばれる傾向にあるだけに、取り入れたいところです。

133 飲めない人への優遇メニュー

ある和食店では、お酒が飲めないお客のために中国茶を用意。種類は5種類ほどで選べるようにし、さらに、茶器を茶芸（中華で用いられる、本格的な茶道具）のセットにした。

酒が飲めない人はウーロン茶、という選択肢だけでは楽しくない。ウーロン茶ばかり何杯も飲めない…その点、きちんとした茶芸のセットがあると肩身も狭くないし、本格的な茶器を使うと、お湯を足すごとに香りや味の変化を楽しめる。お酒を飲んでいた人も、最後に「飲みたくなった」といって注文するケースも多く、売上にも貢献している。

IDEA

改正道交法の影響や「若者の酒離れ」「飲めないお客への配慮」などから、ノンアルコールドリンクを充実させる店は増えています。ただ、単に品揃えを増やすだけでなく、この事例のように飲む楽しさを演出するなど、付加価値を高めることが注文獲得のカギをにぎります。

134

ミニサイズの瓶《かめ》で提供の「飲み放題」

ある居酒屋では、独自の焼酎飲み放題が人気だ。この飲み放題を注文すると、グラス10杯分の焼酎が入った瓶のサーバーを、グラスと氷とともに提供。飲み放題は2時間制限で、中に入れる焼酎は数種類から選べる。

焼酎は自分で注ぐので、追加注文をする手間が省け、ほどよい量を自分のペースで楽しめるのが魅力。また飲み放題の価格は、焼酎12杯分で原価と同額となる設定。実際に10杯以上を飲むお客は少なく、利益も確保できるという。

さらに、このサーバーは陶製のミニサイズ。見た目の可愛らしさも注文獲得に貢献している。

IDEA

お酒は、飲む器や酒器の魅力強化も大切です。他にも、この店のような陶器製の焼酎の瓶を、ボトルキープ用に活用するアイデアもあります。

135日

常のお冷やで好感度アップ！

気の利いた店では、お冷やにレモンの香りを付けて出すところも多い。何気ないお冷やにも配慮する姿勢は、女性をはじめ多くのお客に対して高い好感度をアピールすることができる。

東京のあるカフェ・レストランでは、このお冷やで差別化。お冷やのポットにレモンではなくカットしたライムやリンゴを入れたり、浄化作用があるという「麦飯石」を入れてサービスに回り、話題性も高めている。

IDEA

夏場はお冷やの氷が溶けやすいからと、お冷やの中に氷を入れて回るサービスをするラーメン店もあります。多くの店にとって、お冷やは当たり前のサービス。だからこそ、気の利いたサービスをすることで、「いい店だ」という印象がより際立つのです。

136

プレミアムビールの「利き酒セット」

あるレストランでは、ビールの〝飲み比べ〟が好評だ。この店では、国内4大メーカーの生ビールを9品目も揃えており、それらのビールを飲み比べてもらうコースを用意して評判を呼んでいる。コースは4つのグラスで4種類のビールを楽しませるものと、全種類を楽しませるコースを用意。じっくりビールを飲んでもらうために、グラスが空くタイミングを計って1杯ずつ提供している。

日本酒の地酒などでは「利き酒セット」のようなスタイルは多いが、この店では同様の発想をビールに応用。味の違いを楽しませるだけでなく、普段はあまり飲めない銘柄も揃え、なおかつ美味しい注ぎ方に配慮することで、「ビールがおいしい店」というイメージアップにもつなげている。

ビールの飲み比べコース

プレミアム半周コース（4グラス）
ビールメーカー4社の
プレミアムビールの飲み比べ
（アサヒ「熟撰」・キリン「ブラウマイスター」・
サッポロ「エビス」・サントリー「プレミアムモルツ」）
2800円

レギュラー半周コース（4グラス）
ビールメーカー4社の
レギュラービールの飲み比べ
（アサヒ「スーパードライ」・キリン「一番絞り」・
サッポロ「黒ラベル」・サントリー「モルツ」）
2600円

1周コース（9グラス）
「レギュラー半周コース」
＋
「プレミアム半周コース」
＋
ギネスドラフトの飲み比べ
6200円

IDEA

ビールは最近、発泡酒やライトアルコールに押されがちですが、一方で海外のビールを飲ませるパブや、地ビール人気も再燃しています。単にビールを置くだけではなく、ビールを飲ませる楽しい雰囲気を、販促や店づくりで演出することが大切になってきています。

137

手

作り「マイグラス」で常連客を獲得

ドリンクを積極的に売るには、ドリンクの充実も必要だが、それを注ぐ「器」を工夫することで、さらに効果を高めることができる。

ある居酒屋では、常連客を獲得する販促の一環として、お客の名前を入れた「マイグラス」を用意して評判を得ている。

グラスへの名入れは、専用の器具を使ってスタッフが彫って仕上げる。店で保管しておき、そのお客の来店時に使ってもらうことで、マイグラスの特別感を感じてもらうのだ。

この手法だと、ボトルキープの場合と異なり、マイグラスに合うものならドリンクはどの種類でも注文できる。アルコールでも、ジュースやお茶などのソフトドリンクでも楽しむことができる。名入れはグラスだけでなく陶器でも可能なので、和洋限らず幅広い業種でも導入は可能だという。

IDEA

マイグラスに使うグラスを、普通のグラスよりも大きいサイズにすることで、マイグラスのお客には増量サービスをする、という特別感を際立たす工夫も考えられます。最近は、小ロットで名前入りグラスなどを作ってくれる器業者もあり、いろいろなやり方が工夫できそうです。

138

「スイーツ＋お酒」を提案

カフェなどの昼が中心の業種では、お酒を売るイメージが薄い。しかし新たなメニュー販促で、お酒の楽しみ方を提案している店もある。

都心のあるカフェでは「スイーツ＋スパークリングワイン」という組み合わせを提案。〝甘いものとお酒〟は、一見、相容れないように思われるが、フルーティーなワイン、特にスパークリングワインは意外と相性がいい。しかもスパークリングワインの華やかさは、スイーツとよく合う。この店では、午後の早い時間帯にスイーツとともにスパークリングワインを楽しむ女性客も多いという。

IDEA

大衆そば店が、夕方の早い時間に、酒肴と日本酒、ざるそばをセットにした「お疲れ様セット」を提供。これまでほとんどなかった夜の集客に成功した例もあります。お客の潜在ニーズに対し、仮説を立て、積極的に提案していく姿勢が、メニュー販促では大切です。

139 グラスでグレードアップ

ある居酒屋では、芋焼酎のロックを注文したお客には、ウイスキー用の高価なグラスで提供している。また、吟醸酒は、薄手の上質なワイングラスで出す。

これは、グラスがよいと味わいがより良くなるという狙いがあってのこと。実際、「この店の焼酎は他の店よりおいしい」との声があるという。始めて1年で、グラスの違いがわかる客層が増えてきて、若干だが、客単価が上がってきたという。

IDEA

本格的なワインバーでは、ワインの種類や味わいに応じてグラスを変えます。その発想を応用すれば、どんなお酒でもおいしさを際立たせるグラスがあるはずです。どの酒にどんなグラスが合うかを研究することも、プロの飲食店になるためのポイントの一つです。

140

「贅沢なウーロンハイ」が好評

プレミアムビールなどのちょっと贅沢な商品が人気だが、あるダイニングバーでは、本格的な中国茶と焼酎を組み合わせた「至極のウーロンハイ」を提供。定番商品のウーロンハイに贅沢感を打ち出し、名物となっている。

台湾茶は鉄観音や凍頂烏龍など数種類を用意し、選べる楽しさを工夫。もともと酒が飲めないお客向けとして導入した中国茶の新たな活用法として考案したもので、７００円の価格ながら、珍しさもあって注文を獲得。再来店時には違った組み合わせで楽しむお客も多くいて好評を博している。

IDEA

アルコールの低価格化が進み、“家飲み”を志向する人も増えています。そうした中では、ドリンクも「この店でなければ飲めないもの」を提供することが、より一層大事になってきています。

上手な「販促計画」の立て方

販促は、いいアイデアがあったとしても、それを場当たり的に行なっては、なかなか効果の出るものではありません。成果を上げるためには、1年間の販促スケジュールを立てるなど、ある程度の長期的視野にたった計画づくりが欠かせません。販促計画の立て方は様々な手法がありますが、ここでは、その中でも基本的なやり方を解説します。

◎自店の状態を把握する

販促計画を立てる前提として、まずは販促の目的とは何かを考えましょう。販促の目的とは、もちろん最終的には店の売上を伸ばすことですが、具体的な目標としては例えば、新規客を増やす、あるいはリピーターを増やすという考え方があります。また、年間で見て、売上が好調な時期はさらに売上を伸ばす、低調な時期は売上減少を防ぐなど、店の経営状況を販促面でフォローする発想も必要です。

そしてそのためにはまず、自店の過去の業績を把握することが必要です。

前年の各月の売上推移、客数・客単価の変化をはじめ、リピーター率はどれくらいか、どんな客層が来店したかなどもチェックします。これは同時にお店の状態をチェックすることにもつながります。売上が落ちている時期のQSC（クオリティ・サービス・クレンリネス）の状態は悪くなっていなかったか、近所に競合店が出来た等の変化はなかったか、といった変化を把握することも大事になります。

◎季節やイベント等、1年間の動きを知る

次にするのは、一年間を通じてのお客の動向変化やニーズの変化、季節のイベントや周辺地域の催しなど、外部環境の変化を把握していくことです。

例えば、入学や就職、転勤などで人の移動が多い春先は、歓送迎会などの需要があるのと同時に、新規客が増える可能性があります。するとそこに合わせて、新規客を獲得する販促を考えることもできます。また、毎年近所で夏祭りなどがある場合、その祭りにあわせたイベントを考案することもできます。

他にも、クリスマスやバレンタインデー、祝日などの記念日に関しても、お客のニーズを掘り起こすチャンスはあるはずで、それを把握することで、自店にとっての集客の攻めどころも見えてくるでしょう。

こうした外部環境の変化を含めた1年間の動きは、表にしてまとめてみるとわかりやすくなります［表1］。より効果のある販促を考える、あるいは隠れたお客のニーズを探る上でも役立ちます。

	8月	9月	10月	11月	12月	1月	2月
	お盆・帰省 夏祭り	残　暑	食欲の秋 運動会 収穫・紅葉		忘年会	新年会	
		敬老の日 （第3月曜日）	体育の日 （第2月曜日） ハロウィン （31日）	ボージョレ・ ヌーヴォー解禁 （第3木曜日）	クリスマスイブ （24日）	元旦（1日） 成人の日（第2月曜日）	節分（3日） バレンタインデー （14日）
	8月31日 野菜の日		10月1日 日本酒の日	11月1日 本格焼酎の日			

◎販促の「重点強化ポイント」を定める

このように、数値から分かる自店の特徴や課題、それに年間を通じた外部環境の変化を把握する中で、販促の重点強化ポイントを明確にしていきます。

例えば、新規の来店客が減っていると分析できたなら、新規客を集める施策が必要になりますし、年末の繁忙期の売上がまだ伸ばせると分析できたならば、繁忙期前のPRを強化することも大事です。

いずれにしろ、店づくりや年間の動向に応じて、販促の狙い目をつけることで、年間を通じた販促計画の基本的な方向性を見出すことができます。この方向性を持たないと、計画を立てる糸口が見つからないし、一つの販促を仕掛けた結果、どれくらいの成果があったのかを評価する基準ももてなくなります。

いろいろな販促を行なっても、店の方向性に沿うものでなくては効果が薄れてしまいかねません。まずは、この販促の重点強化項目をしっかり認識しておくことが大切です。

[表1]

	3月	4月	5月	6月	7月
各月の注目キーワード	転勤・卒業 歓送迎会	入社・入学 花見	ゴールデンウイーク	梅雨	夏休み
行事・記念日	ひなまつり(3日) ホワイトデー(14日)	エイプリルフール(1日)	子供の日(5日) 母の日(第2日曜日)	父の日(第3日曜日)	七夕 (7日)
食の記念日		4月12日 パンの記念日	5月9日 アイスクリームの日		7月2日 うどんの日 7月10日 納豆の日
毎月の記念日	毎月12日　豆腐の日　毎月29日　肉の日 毎月20日　ワインの日				

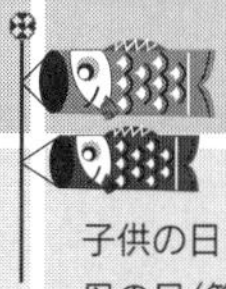

◎重点強化期間を決め、予算配分する

次に、実際にいつ販促を仕掛け、どれぐらいの予算をかけるとよいのかを検討するのですが、限られた予算の中で効果を高めるためには、販促の軸となる重点期間を定めることも大切なポイントです。

そこで目安の一つとなるのが、自店の繁忙期に重点を置いて販促を仕掛ける発想です。業種業態によって多少異なりますが、繁忙期は、3～4月の歓送迎会シーズン、7～8月の夏休み、そして11～1月の年末年始シーズンが一般的です。これらの時期に、重点的に予算を配分し、おすすめメニューの開発やイベントの準備、チラシ・DM等の配布を早いタイミングで行ない、お客に告知することで、より大きな売上アップを得る可能性が出てきます。

一方、2月、6月、9月などの繁忙期以外の時期が閑散期になる飲食店もあるはずです。ここで考えたいのが、繁忙期に集まったお客を閑散期にも引き寄せるような販促の仕掛け方です。歓送迎会シーズンに来店したお客に、5～6月に使えるサービス券を配るというのもその一つ。また、閑散期にイベントを

[表2]

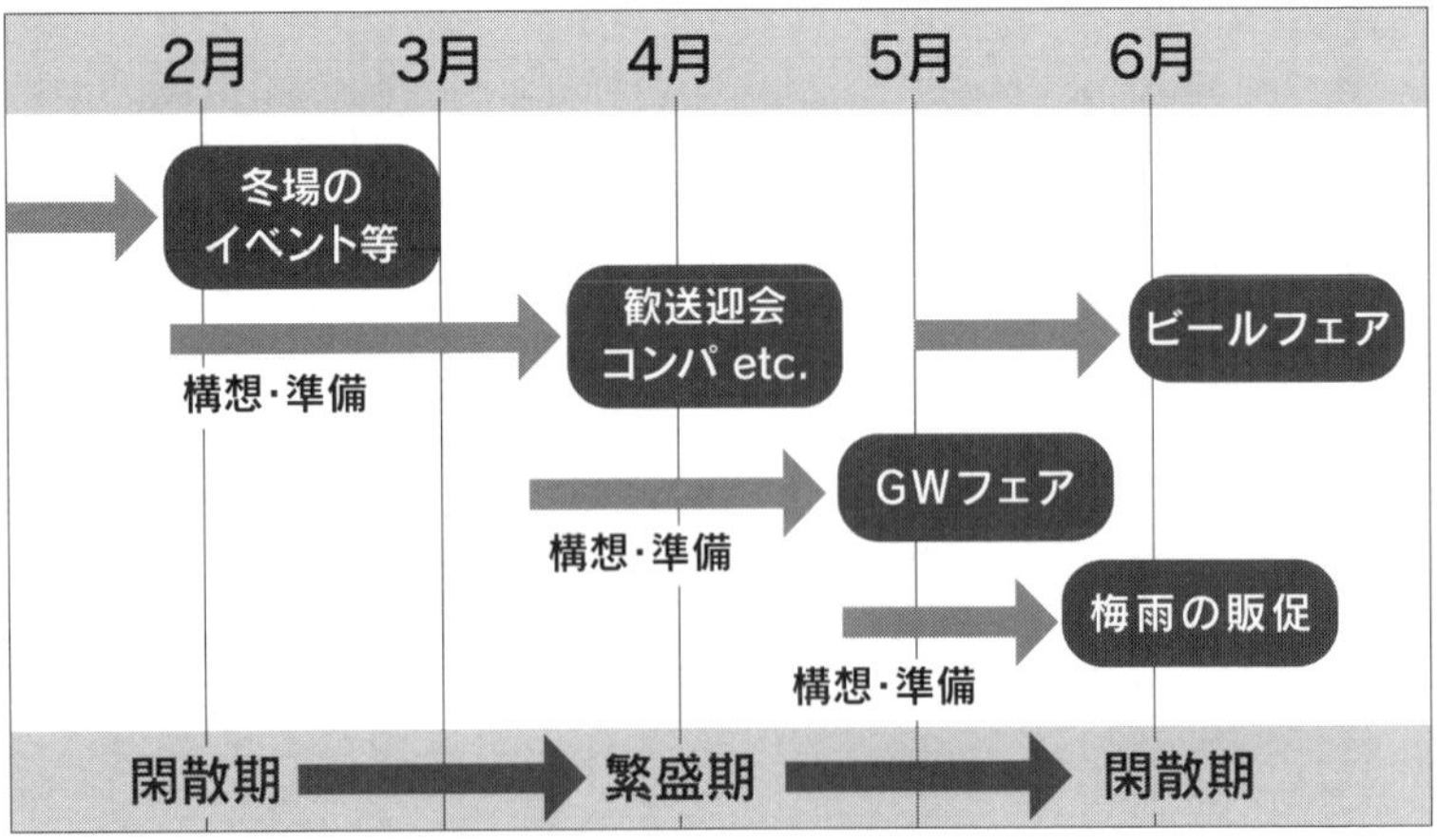

実際の年間の販促活動は、一つの販促を実行しながら、次の販促の準備を進めるという風に、同時進行的に行なうことになる。お客に早いタイミングで次の販促を知らせて再来店を促すなど、集客の好循環を作っていきたい。

企画し、そこで集まったお客に繁忙期に向けた店の案内をするという手も考えられます。このように、繁忙期→閑散期→繁忙期といったサイクルに合わせて販促計画を立て、好循環を生み出す発想も注目したいところです。［表2］

◎計画を立てることのメリット

販促の重点強化項目や期間、予算の配分を設定した後は、その実行に向けてどんな販促を仕掛けるか、内容を検討したり準備期間を定めます。販促のアイデア自体は本編を参考にしていただくとして、この準備期間を定めることによるメリットをお話ししたいと思います。

例えば、メニュー関係のフェアを行なう場合、事前にスケジュールを立てておけば、そのメニューに使う食材の値段交渉などを、早めに仕入れ業者に相談できるはずです。また、イベントなどの販促の場合は、お客にどう告知するかが成功のポイント。そのためのチラシや、店頭のPOP、懸垂幕・タペストリーなども、事前にキャッチコピーやデザインをよく検討することで効果が上がります。事前に準備期間を定めておけば、コストダウンとPR力のアップの両面が期待できるのです。

他にも、販促に向けて店のスタッフの協力を得ることも、あらかじめ計画を立てておくとやりやすくなります。スタッフ同士で販促のアイデアを考えてもらうこともできます。やはり何事も成功のためには〝早めの準備〟が大切です。

◎柔軟性を持つことでチャンスが広がる

販促計画を立て、それを成功させるためには、重点強化ポイントに定めた期間のチャンスを確実にものにすることがまず大事ですが、同時に、隠れたチャンスを見逃さない姿勢も必要です。

販促の年間スケジュールを立て、計画通りに販促を進める間も、お客の動向変化や商圏での突発的なイベントなど、外部環境の変化はあるものです。仮に最初の計画で見落としていたお客のニーズを見出すことができたなら、そこに素早く対応する柔軟さを持つことも大事なのです。

例えば、ある店では、店前の通りを、近隣の公園へ花見に向かう人が多く通過することに気づき、新たに「花見弁当」を販売して短期間ながら売上を伸ばすことに成功しました。こうした販促にかける費用は、あらかじめ定めておいた予算を回すようにすると上手く行きます。突発的な販促が必要になることも、あらかじめ年間販促スケジュールに組み込んでおけば、よりスムーズに対応ができるでしょう。

◎実行→検証をして次に生かす

このような準備をして販促を実行に移した後は、その販促の成果を集計し、どの程度の成果があったのかを評価します。そうすることで、次の販促計画を立てるためのデータとして活用することができます。

販促をしても成果が上がらない、日々の営業が忙しくてなかなか手が回らないという飲食店主の人も少なくありません。しかし、このように販促のスケジュールを立て、実行し、検証して次に生かすサイクルができれば、何より販促を行なうことへの習慣が身につきます。成功体験が得られれば、次はもっとよくしようという力も湧いてきます。そのようにして店の実力を身につけられることも、販促計画を立てることの利点といえるでしょう。

イワサキ・ビーアイの紹介

1932年(昭和7年)、「食品模型岩崎製作所」(大阪)の設立を祖とし、食品サンプルの専門メーカーとして各地の食文化の発展に貢献。

1989年「サンプルの岩崎からイワサキ・ビーアイ」へとCI(コーポレート・アイデンティティ)を変更し、業務を拡大。全国各地に営業所(いわさきグループ)を配し、食品サンプルからメニュー・看板の制作を含む、食のあらゆる販売促進活動を支援する事業を展開し、現在に至る。

本書は、旭屋出版様の協力のもと、いわさきグループが年間を通じてお客様に定期的に配布している「繁盛のお手伝い」の一部を編纂し制作しました。日本の豊かな食文化を支える多くの外食店の発展に、一助を担えれば幸いです。

イワサキ・ビーアイ(株式会社 岩崎)
東京都大田区西蒲田8－1－11
TEL 03-3732-3100(代)
フリーダイヤル　0120-37《ミナ》-1839《イワサキ》
http://www.iwasaki-bei.co.jp

●企　画　イワサキ・ビーアイ
●編　集　雨宮　響
●装　丁　國廣正昭
●デザイン　佐藤暢美
●イラスト　田中雅紀

繁盛飲食店の
販促サービス140

発行日　2011年5月16日　初版発行

著　者　イワサキ・ビーアイ
発行者　早嶋　茂
制作者　永瀬正人
発行所　株式会社　旭屋出版
〒107-0052
東京都港区赤坂1-7-19　キャピタル赤坂ビル8階
TEL　03-3560-9065（販売）　03-3560-9066（編集）
FAX　03-3560-9071（販売）　03-3560-9073（編集）
郵便振替　00150-1-19572
http://www.asahiya-jp.com

印刷・製本　株式会社シナノ

ISBN978-4-7511-0922-9 C2034 ¥1500E